SOU A MÃE DELA

ADRIANA ARAÚJO

SOU A MÃE DELA

A HISTÓRIA DA MENINA QUE LUTOU PARA CAMINHAR, DESAFIOU PRECONCEITOS E MUDOU A MINHA VIDA

GLOBOLIVROS

Copyright da presente edição © 2020 by Editora Globo S.A.
Copyright © 2020 by Adriana Araújo

Todos os direitos reservados.
Nenhuma parte desta edição pode ser utilizada ou reproduzida — em qualquer meio ou forma, seja mecânico ou eletrônico, fotocópia, gravação etc. — nem apropriada ou estocada em sistema de banco de dados sem a expressa autorização da editora.

Texto fixado conforme as regras do acordo ortográfico da língua portuguesa (Decreto Legislativo nº 54, de 1995).

Editor responsável: Guilherme Samora
Editora assistente: Fernanda Belo
Preparação: Erika Nakahata
Revisão: Francine Oliveira e Patricia Calheiros
Projeto gráfico e diagramação: Douglas Kenji Watanabe
Foto de capa: Acervo pessoal

CIP-BRASIL. CATALOGAÇÃO NA FONTE
SINDICATO NACIONAL DOS EDITORES DE LIVROS, RJ

Araújo, Adriana
    Sou a mãe dela / Adriana Araújo. – 1ª ed. – Rio de Janeiro : Globo Livros, 2020.

    ISBN 978-65-86047-22-6

    1. Araújo, Adriana. 2. Jornalistas – Brasil – Biografia. 3. Mãe e filha. I. Título.

20-65865
CDD: 920.5
CDU: 929:070(81)

Camila Donis Hartmann – Bibliotecária – CRB-7/6472

1ª edição – novembro/2020

Editora Globo S.A.
Rua Marquês de Pombal, 25
Rio de Janeiro, RJ — 20230-240
www.globolivros.com.br

A Deus, pela luz do meu caminho.

*Esta não é uma história de vítimas nem de heroínas.
É apenas a história de duas meninas que caminham juntas.
Mãe e filha.*

Sumário

A bisneta diferente 13
Em algum lugar de mim 16
O menino da montanha 20
O olho na fechadura 25
Sobre genes 29
A escada 31
A menina da TV 36
Mãe offline 44
Travei 52
Calma, oi e tchau! 53
Amor sem script 56
Ausência 61
Afinal, o que ela tem? 65
A menina da covinha na perna 68
Palavras machucam 73
A mão que puxa o lençol 76
Tadinha, não! 80
Perguntas não calam 88
A mão esquecida no armário 96

Voo de beija-flor   104
Dois invernos   112
Dr. Marceneiro   122
Conferência de anjos   130
O saguão   132
Dr. Walmor Chagas   134
A carta   143
Carta ao médico que nunca enxergou
   minha filha de verdade   144
A revanche   152
O veredicto   156
0,38%   160
E daí?   162
Menino velho   164
Abu   167
A menina dos grãos de feijão   175
Quanto custa o silêncio?   178
Somos duas   182
A pergunta inesperada   190
Os dedos que eu não dei   198
Dois caminhos   204
A segunda carta   205
A camisa que virou luvas   207
O DNA da escolha   213
A mim   219
Ao futuro   222

Agradecimentos   223

Desde o início, antes mesmo de ler, lutei contra este livro. Sempre achei a ideia de publicar a nossa história algo muito esquisito. Me parecia algo real demais para estar impresso, que nem livros de ficção. Eu esperava que a minha mãe largasse dessa ideia de escrever, que fosse só uma fase.

Mas, claro, no fundo eu sabia que ela não deixaria pra lá, porque, como os leitores perceberão, quando ela coloca uma meta na cabeça, ninguém tira. Nem por decreto.

Depois de vários meses, decidi ler. Com uma leve intenção de dizer que não daria a minha aprovação... Mas me surpreendi ao encontrar um olhar diferente sobre a história que eu já conhecia. Fui pega de surpresa pela reconstrução dos momentos marcantes da nossa vida. Ri e me emocionei com casos que já ouvi milhares de vezes. Percebi que eu estava curiosa para chegar ao final, mesmo já sabendo o que iria acontecer. Queria saber como os últimos capítulos seriam recontados.

Agora, reconheço que ler este livro foi uma oportunidade rara, que poucos têm, de enxergar sua história pela perspectiva de quem viveu todos os melhores e piores momentos com você. De reviver acontecimentos importantes que passaram rápido demais e refletir sobre temas que, às vezes, se perdem na correria do dia a dia.

O livro também me deu a oportunidade de conhecer mais a minha mãe como pessoa. Fui relembrada da maneira como ela foi decidida em diversas ocasiões, mas também vi os bastidores com medo e indecisão em vários momentos, o que nem sempre mostramos, mas nos torna mais humanos. Também passei a conhecer minha mãe quando ela era bem novinha e percebi que estou quase na idade que ela tinha no começo da história.

Ao ler este livro, você vai saber porque eu desejo muito ter um centésimo da fé e da força que ela sempre teve.

Boa leitura,

Giovanna Araújo,
julho de 2020

A bisneta diferente

Sempre me vem à mente a mesma lembrança: um fim de tarde e a escada. Volto com frequência àquela escada. E sempre me pergunto: por que a aura, a luz, o vento, o choque que senti naquele lugar seguem tão acesos em mim?

Eu estava ali no topo da escada, acompanhando a minha avó, que acabara de conhecer a bisneta não-sei-qual-número. Eu sou a neta número 14. Depois de mim ainda vieram mais 22, e os bisnetos e tataranetos, nunca contei.

A visita pós-parto foi na casa da minha mãe, num bairro operário na região metropolitana de Belo Horizonte, onde morei até a minha menina completar um ano. Não sei se era um sábado ou domingo e nada me lembro do transcorrer daquela tarde. Só me lembro da despedida. Acompanhei minha avó até a varanda. Ali, onde poderia apenas dizer tchau, ela decidiu falar umas palavras mais.

No topo da escada, já descendo os primeiros degraus, ela se virou com a expressão contrariada.

— Minha filha, tenho quase cinquenta netos e bisnetos, e a sua é a primeira que nasce desse jeito, com problema.

Nunca imaginei que um dia teria uma neta assim. Mas pode deixar que vou rezar e Nossa Senhora vai curar a mão dela.

Tanto faz recorrer ao resumido repertório que tinha até ali — eu era apenas uma jovem mãe de primeira viagem com 25 anos — ou usar todo o repertório dos quase 25 anos que vieram depois. Enxerguei e enxergo a senhora, então com 75 anos, de origem humilde, que mal frequentou uma escola e que, diante de uma bisneta fora dos padrões, se chocou e só conseguiu oferecer uma novena e a expectativa de um milagre. Enxerguei e enxergo naquela conversa desconhecimento, simplicidade, ingenuidade. E ainda assim dói.

Em frações de segundo, uma dezena de palavras ocupou minha mente e meu coração. Marca, mácula, incompletude, imperfeição, desgosto, indesejado, impróprio, deficiente, vergonha, culpa.

Eu era a mãe da única bisneta diferente. Ponto.

Engoli em seco. Pisquei pra não chorar. Era outubro, mas me lembro de sentir frio. Por isso acho que ventava. E, como se palavras surgissem com o vento, saiu uma resposta:

— Vó, eu não rezo para o mesmo milagre que você reza. Eu rezo pra que a minha filha cresça com saúde e seja feliz, com todas as diferenças que tem.

Pronto. Estava dito. Agora eu só precisava realizar o meu milagre. A bisneta diferente dormia no berço, tranquila e alheia ao que se passava na escada. A mão direita, pequenina, com apenas dois dedos, era como um cartão de visitas, a diferença que seria notada logo ao primeiro olhar. A marca mais visível, mas ela carregava outras diferenças que vieram da fábrica, meu útero.

Naquele momento eu já pressentia que seria uma longa e difícil caminhada pra nós duas. Mas não imaginava que estava só começando a mais extraordinária experiência da minha vida, que me marcaria e me definiria pra sempre como mulher, mãe e jornalista.

A bisneta diferente fez a jornada muito especial. Caminhamos juntas num mundo em que diferenças chocam e palavras podem machucar.

Em algum lugar de mim

Fecho os olhos e respiro lentamente. Apenas respiro. Onde está o meu espelho retrovisor? Sei que está em algum lugar por aqui. Arranhado, empoeirado, talvez trincado ou manchado pelo tempo. Mas está aqui. Ninguém nasce sem o retrovisor.

O meu ficou guardado por mais de vinte anos, praticamente sem uso. Guiei minha vida por duas décadas sem desviar o olhar para trás. Me forcei a só olhar para a frente, sempre em frente; e longe. Porque a linha de chegada era um ponto invisível de onde eu estava na partida.

Imaginei apenas uma gigantesca linha reta, milimetricamente reta. Desvios seriam desperdício de energia demais, e eu não tinha bateria reserva.

Não esperei ninguém me mandar correr. O estampido da partida veio de dentro de mim.

Parti cegamente para minha maratona particular, com um bebê nas mãos e um rótulo: filha deficiente. De onde veio esse rótulo? Do borrão na imagem do ultrassom, da transparência de uma chapa de raio X contra a claridade, de um relatório médico carimbado e assinado. Sim, a ciência te dá um diagnóstico e junto vem um rótulo. Mas ele vem principalmente do olhar de fora, de quem está só assistindo à corrida. E, quando esse olhar contrariado, atravessado, vem de alguém da própria família, marca bem mais que um carimbo. Tem a força de ferro em brasa fritando sua pele.

Hoje me permito encontrar o meu retrovisor. E, quando o espelho está enfim ao meu alcance, o olhar dessa mulher madura e razoavelmente segura aos 48 anos encontra o olhar aflito da menina da escada. Vejo nela um rosto pálido e uma língua atrevida pra quem tem só 25 anos. Ouço a voz que sai trêmula quando ela desafia o tal rótulo e faz isso logo nas primeiras palavras.

Eu não rezo para o seu milagre.

Só eu vejo a alma dessa menina. Só eu sinto a incredulidade dela por não fazer ideia de onde tirou aquela resposta. E, mais ainda, por instantaneamente perceber que aquelas palavras desenhavam o caminho, a linha reta que começaria a seguir. Era uma morte repentina. E um parto ainda mais súbito. Morri e nasci naquela escada, em fragmentos de segundo. A menina frágil, ainda atônita e trêmula com a frase que acabara de ouvir, queria chorar, implorar por um pouquinho de colo, mas não teve tempo, morreu ao proferir as palavras seguintes.

Eu não rezo para o seu milagre.

A menina que fala agora já é outra, ainda assustada, mas ciente de que não deve esperar nem mesmo o respeito do silêncio; compaixão, vai dispensar. O que sai da boca dela é uma verdade até então desconhecida, mas profunda. A verdade que o coração soube antes da razão.

Palavras que produziram um instante formidável de clareza. A clareza do caminho.

Filha.
Crescer.
Saudável.
Feliz.
Nosso milagre.

As palavras giravam em torno dela como se tivessem vida própria, como se a abraçassem, a sustentassem de pé no topo da escada. O caminho estava traçado. Simples assim. Naquela escada, aos 25 anos, ela descobriu a direção.

Só eu ouço as batidas do coração dela, descompassado no peito. Vejo o quanto é miúda, minúscula e o quanto é gigante. Mas ela não sabe de nada disso. Sinto uma vontade enorme de abraçá-la e sussurrar: "Parabéns. Respira, você chegou até aqui". Sinto uma vontade de rir e de chorar junto com ela.

E é exatamente o que faço a partir de agora. Nas próximas páginas, vou ter uma longa conversa com a menina da escada. E com outra menina que, ainda em silêncio no berço, nem desconfia que é a protagonista desta história. Seremos três nesta conversa.

Não, seremos mais! Quero falar com as meninas que existiram antes da escada e com todas que vieram depois. A mãe, a mulher, a jornalista. Quero falar com a filha bebê, a adolescente, a estudante de medicina. Quero falar com as muitas mulheres que nos tornamos até aqui.

Quero falar com quem cruzou nosso caminho: minha família, o pai de alma e coração, os amigos, os fantasmas, mas principalmente com os anjos que encontramos. E quero falar com todas as mulheres e homens que, em algum momento da vida, também já se sentiram como a minha menina da escada.

Resisti muito a iniciar esta conversa porque sei que ela vai me revirar por dentro. E porque não tenho e nunca terei a pretensão de escrever um manual para mães e pais de filhos com algum tipo de diferença.

Como jornalista, conheço as estatísticas: segundo a Organização Mundial da Saúde, em todo o mundo 10% dos bebês nascem com alguma diferença física ou mental. A cada ano, em todo o mundo, cerca de 8 milhões de mulheres recebem uma criança na maternidade com o mesmo rótulo que eu recebi. Certamente temos muito em comum. Mas, como mãe, sei o quanto um filho é uma experiência única, o quanto a história de cada um é apenas a história de cada um. Se você está aqui comigo, não espere lições. Não quero nem posso ser o farol no meio da tempestade de ninguém. Nem o rojão pra festejar a bonança das conquistas de cada um. Quero, e talvez possa, ser apenas um sussurro de incentivo.

Como jornalista, aprendi e busquei a vida toda ser imparcial. Mas nestas páginas faço exatamente o oposto. O que está impresso aqui é parcial, é o que eu vi, ouvi, vivi e senti. É o meu olhar, a minha voz escrita, a minha verdade, não a verdade de todos os envolvidos.

E é, acima de tudo, uma homenagem à minha filha, a minha menina que na linha de partida da maratona me entregou seu corpo, seu olhar doce, sua alma sábia e serena, e me mostrou que o amor vence qualquer rótulo. Caminhamos e crescemos juntas.

Ela é a melhor parte de mim.

O menino da montanha

A primeira vez que tive vontade de salvar alguém foi um menino de oito anos. O menino da montanha.

Era noite alta, e ele estava encharcado da chuva torrencial que caía fazia horas. Não havia abrigo possível nem dentro da mente dele. O mundo inteiro parecia encharcado naquela noite — as árvores, plantas, pedras. A lama escorria com força pela trilha, ele usava calças curtas surradas e uma das botinas estava furada. Sentia frio, muito frio, e tinha que caminhar.

Os olhos verdes, que normalmente acendiam um clarão no rosto dele ao acordar e que lhe renderam o apelido de "Zóiverde" dos amigos desafortunados de meros olhos castanhos, ali, no breu da montanha, não tinham poder de alumiar nada. Ele ainda teria horas de breu pela frente.

No relógio mental de um menino de apenas oito anos, uma eternidade já havia passado debaixo daquele toró desde que ele ajudara o pai a amarrar a carga pesada no lombo da tropa. Na barriga estufada das mulas, o couro passava cortando, apertado além do que parecia suportável para o menino.

Mas não, eles tinham que apertar mais, pra que a carga inteira não desabasse no meio da trilha e rolasse precipício abaixo.

Se os queijos se espatifassem na trilha, se os sacos de feijão estourassem derramando milhares de grãos pelo caminho, se o latão de leite tombasse e manchasse de branco aquele barro todo pra desaparecer segundos depois, o prejuízo seria bem mais doloroso que os bagos de milho que ele era obrigado a suportar debaixo dos joelhos quando não sabia soletrar alguma palavra que a professora cuspia no ar. Doíam os joelhos e ardia a cara de vergonha. Sim, ele era tímido, e nem era castigado com frequência no canto da sala daquela tapera que chamavam de escola.

Preferia estudar a se ver com a cara branca manchada de vergonha e a turma inteira apontando o dedo pra ele. E, não bastasse a humilhação, os buracos fundos do milho nos joelhos, denunciando o castigo, certamente não escapariam ao olhar severo da mãe e lhe renderiam mais umas palmadas. Melhor estudar e escapar dos castigos.

A tempestade daquela noite era chuvisco perto do pavor que ele tinha de passar vergonha.

O mundo dele era bem pequeno e escuro, como uma moedinha apertada na palma da mão. Tinha o pasto, a horta, o milharal, o canavial, o moinho, e o campinho na beira do brejo, a igreja. E a escola, que, no final das contas, ainda era o melhor lugar que ele conhecia. Sim, porque ele tinha as canelas finas demais — nunca confessou, mas não acredito que arrancasse gritos de gol no campinho na beira do brejo. Já da escola, sabia que tinha o poder mágico de levar pessoas pra longe dali, pra ser "adevogado", "dotô" ou padre. E isso parecia bom.

De modo que saber que a cada quinze dias ele precisaria perder dois dias de aula pra trabalhar não era boa notícia, como alguns pirralhos que não tinham um pai tropeiro imaginavam. Pois o pai dele era tropeiro e, junto do pai e do irmão quatro anos mais velho, o menino da montanha escalava e descia essa mesma montanha, com as mesmas mulas carregadas com a mesma coisarada amarrada no lombo pra vender pras mesmas pessoas estranhas que viviam longe do canavial, do milharal e da horta.

E era melhor apertar a barriga das mulas mesmo, até quase estourar. Era isso ou correr o risco de aquela coisarada toda rolar precipício abaixo e ele ficar sem ver uma botina nova no Natal, sem linha e agulha para as irmãs taparem os buracos nas roupas de ficar inteligente e sem ganhar uma roupa nova, de ver Deus. Ele teria que se contentar com a camisa encardida que herdaria do irmão, já empesteada de suor que nem o melhor sabão de cinza e banha que sua mãe produzisse conseguiria arrancar de lá.

Mas ele tocava as mulas e o próprio corpo esguio pirambeira acima atrás de uma bola. Não aguentava mais chutar aquela bexiga amarrada do boi matado no curral velho havia meses. Era impossível fazer gol com aquilo. A bexiga do boi tinha vontade própria, acusava o chute e voava sempre pro lado errado. Se a coisarada não caísse, quem sabe depois de muitas idas e vindas pela montanha e uma lista de muitas urgências resolvidas, quem sabe não chegaria o dia de comprar a bola.

Eram léguas demais, cansaço demais. Tanto que numa das viagens, quando finalmente encheu o peito de coragem pra falar com os garotos da cidade, que usavam sapato de cadarço e calça sem remendos e apareciam com seus pais pra comprar alguma coisa da coisarada toda das mulas, ele perguntou:

— Aqui é o estrangeiro?

E nunca mais abriu a boca pra perguntar foi mais nada, tamanha queimação que sentiu na cara com as gargalhadas que ouviu como resposta.

Melhor se concentrar no caminho, pensando na bola e no momento ainda distante em que o pai vai parar a tropa, tirar a garrafa de café do bornal e servir com rapadura e um punhado de farinha. E, então, o menino saberia que tinha chegado ao meio da viagem de doze horas e, dali a pouco, teria que reapertar a carga no lombo das mulas pra começar a descida, vendo de longe a escuridão se desmanchando em luz. E, naquela hora, ainda que as pernas já estivessem quentes, latejando, e os pés, gritando de dor, de algum modo a hora que a noite e o dia se misturavam fazia parecer que chegar até ali nem tinha sido tão difícil assim e o fazia encher o peito de orgulho porque nenhum dos meninos que zombavam dele dormindo no mercadão, entres fardos e mulas, sabia que aquele lugar existia. Por vezes, a boca apertava feito quando chupava manga verde no pé, e ele quase chorava vendo aquela luz, mas isso era segredo que ele não podia contar pra ninguém, ninguém mesmo.

Se as feridas nos dedos dos pés gritassem demais, sempre pensava nas mulas ali na frente, bem mais castigadas que ele. E, no mais, pra que tanto queixume se ele já sabia que tinha coisa bem pior que chuva? Pois numa noite de breu e terra seca ele se distraiu, tropeçou em alguma coisa e saiu rolando pelo barranco, sentindo um gelado nas costas que no meio daquele alvoroço todo descobriu que eram cobras...

— Para, por favor, para! — Eu levava as mãos aos ouvidos e suplicava. — Por favor, não diz mais nada.

Não podia suportar mais uma palavra daquela história.

Meu peito se enchia de uma raiva tão grande. Raiva da montanha, raiva da tropa, raiva da coisarada toda das mulas, raiva daquelas serpentes inúteis na beira do caminho e raiva do caminho, porque aquela trilha estúpida ia desaparecer dentro de alguns anos, engolida pelo asfalto, e qualquer um de carro chegaria ao outro lado da montanha em menos de uma hora, porque o estrangeiro ficava a apenas cinquenta quilômetros do canavial, do milharal e da horta.

E eu me via feito um passarinho voando rente à cabeça do menino da montanha. Mas sem nenhuma força pra agarrar o colarinho dele e fugir pra bem longe dali.

Era 1953 no breu da montanha.

Era 1980 quando eu ouvia essa história, aos oito anos.

Eu era a menina-passarinho e dali a dezessete anos me tornaria a menina da escada.

E, pra sempre, a filha do menino da montanha.

O olho na fechadura

Ela nasceu com os olhos pequenos, amendoados e castanhos. E uma curiosidade que não cabia dentro deles. Tinha uma avidez por olhar o mundo, o que era permitido e também o que não era. Desconfiava das palavras, sabia que o dito nem sempre era a verdade, preferia buscar seus porquês com os próprios olhos.

E eles brilhavam no rosto pequeno e moreno, porque era morena mesmo, e também um pouco cinza da poeira que se acumulava na pele ao longo da semana. Banho completo só tomava aos sábados, esfregando um caco de telha no corpo quando a camada de sujeira ficava grossa demais. Só no esfrega-esfrega dos pés gastava meia hora.

Aquele era um raro momento de vaidade e prazer.

Entre um balde e outro que despejava na cabeça, com os pés enfiados numa enorme bacia de metal toda lanhada pelos anos de uso, sentia a água escorrendo pelo corpo, levando com ela um caldo grosso da pobreza que ela odiava. Tivesse um jeito de se deixar levar inteira pela água até sumir, ela deixaria. Mas ainda tinha o cabelo preto e enorme pra lavar.

Com sabão do tanque mesmo, esfregava cuidadosamente todos os fios, e um sorrisinho besta se acendia lá dentro do peito; com aquele cabelo brilhando, com certeza não teria como não ouvir alguns sussurros no meio dos meninos quando ela saísse da igreja no domingo.

O cabelo era seu único orgulho. Ela era a "Índia", como alguns meninos diziam. Mas imediatamente virava "Cara de Cavalo" se não lhes desse a atenção que desejavam. Porque os dentes eram mesmo grandes, como os de um cavalo, para um rosto de menina raquítica que insistia em não crescer.

Também, pudera, aquele caldo ralo de fubá dissolvido na água com uns fiapos de couve no almoço e na janta não faria menina alguma ficar viçosa e encorpada.

Sempre me pareceu que ela era bem mais pobre que o menino da montanha. A casa dela era mais suja, as roupas, mais esfarrapadas, a comida na mesa, menos farta. Nunca estive lá, mas ainda hoje, de olhos fechados, posso sentir o ar dentro do barraco de pau a pique que eles chamavam de casa, um ar pesado, tenso, que me dói os pulmões. Só não era violento porque, depois de um dia inteiro batendo enxada em algum canto, o pai estava ali na beira do fogão a lenha, aninhado de filhos da cabeça aos pés, contando histórias doces e pedindo a benção dos anjos antes de dormir. Era a única hora do dia em que ela esquecia que tudo em volta era amargo.

Na casa do menino da montanha a pobreza era dividida entre seis filhos e na casa dela era dividida por onze. E o pai dela não tinha mulas. Nem um torrão de terra pra cultivar. Trabalhava "prusotros", na terra "dusotros". Entendi que justamente essa parte da história, "usotros", é que complicava tudo.

No mais era tudo igual, milharal, canavial, brejo, moinho, igreja e escola. Mas, quando ela chegou lá, ele já tinha saído.

Porque aos nove anos, com algumas continhas na cabeça e o abecedário decorado, o aluno era convidado a não voltar no dia seguinte. Já havia recebido o máximo de conhecimento que a escola tinha a oferecer. Mas ela chorou tanto, gritou e esperneou tanto, que conseguiu ficar um ano mais na escola, além do que todas as crianças ficavam.

E quando teve que sair na marra, aos dez, decidiu que passaria a aprender com os próprios olhos. Começou pelo buraco das fechaduras da casa dos avós maternos. Sim, eles tinham um casarão com muitos quartos e muitas portas, tinham alguns quinhões de terra pra plantar, criar gado, cavalo, galinha, e não trabalhavam "prusotros". Ela nunca entendeu por que o pai não pegava a enxada dele e trabalhava lá.

Mas agora estava ocupada demais pra pensar nisso, com o olho grudado no buraco da porta da salinha de doces, onde ficavam as latas de figo, de laranja e mamão em calda, de doce de leite, e também os queijos curando, a carne de lata, os biscoitos, os ovos. Ela queria morar lá dentro pra sempre, mas raramente a porta se abria para as crianças. Porque naquela casa riqueza rimava com avareza. E isso também complicava tudo.

Acho que foi do desejo incontrolável de sentir ao menos o cheiro dos doces que veio a mania de se enfiar onde não era chamada. Qualquer esconderijo atrás da porta, debaixo da mesa, qualquer fresta de janela, em qualquer nesga de conversa de adulto ela se enfiava e, fingindo que era invisível, enxergava tudo.

Enquanto as irmãs mais velhas e mais novas riam correndo no milharal ou nadando no rio bestamente, ela estava com o olho metido em algum lugar. Nunca tinha cruzado a montanha para o outro lado, mas sabia que lá tinha carro, tinha loja, tinha uma casa empilhada em outra, tinha avião, sapatos de muitas cores, vestidos também, doces que ali ninguém sabia fazer, e perfume e boneca e batom e gente que lavava o cabelo todo dia com shampoo.

De fechadura em fechadura, ela soube muito antes das irmãs e irmãos mais velhos que a cegonha nunca levou criança alguma pendurada pelo bico pra dentro daquela casa. Quando mais um bebê chegava pra aumentar a pobreza e o barulho, só ela sabia de onde ele havia saído e também como havia entrado.

Mas um dia aquele olho curioso levou um soco. Espiou pelas frestas da própria casa e viu que alguém queria o lugar do pai. Sem voz, fechou os olhos imediatamente, tremendo, saiu em disparada, deixando correr também as lágrimas pra dentro do milharal.

Tenho certeza de que ela também se sentiu como um passarinho, sem forças pra agarrar o pai e voar bem alto, pra bem longe. Mas ela já sabia que só tinha uma alternativa: voar sozinha. E voou.

Era 1964 quando atravessou a montanha pela primeira vez e foi ainda mais longe, pra São Paulo, trabalhar como doméstica, aos doze anos.

Quatro anos depois, com o cabelo brilhoso de tanto usar shampoo, a menina que metia o olho onde não era chamada voltou. Viu o brejo, o milharal, passeou pelo campinho, foi à quermesse e se casou.

Era abril de 1970 quando a Índia se casou com o Zóiverde. A menina do olho na fechadura jamais se casaria com alguém que não soubesse atravessar a montanha.

Era abril de 1972 quando eles tiveram a segunda filha.

A menina que um dia seria a menina da escada nasceu no estrangeiro que havia pertinho dali.

Sobre genes

Tenho o cabelo dela, a cor da pele dela, os olhos dela e a curiosidade dela. Aquela vontade incontornável de enxergar, entender e conversar com o mundo. Se o meu repertório parece maior que o dela, é somente porque tive acesso a lupas e lentes maiores, mais potentes, como a lente de uma câmera de TV. E, para a menina do olho atrevido, isso me faz parecer gigante.

Não tenho nada da aparência dele. Não tenho a pele branca dele, não tenho os olhos verdes dele, não tenho o corpo esguio dele, não tenho as feições do rosto dele. Tenho a força dele. Não tenho réguas pra medir se é maior ou menor, mas ela vem genuinamente dele. Uma força poderosa e ingênua que me faz acreditar ser possível alcançar o cume de qualquer montanha. Não importa o obstáculo à frente. Mas na régua do menino que sonhava com o estrangeiro ainda preciso caminhar muito.

Hoje, aos 48 anos, vejo o quanto há da filha na mãe que me tornei. Reencontro a menina de 25 e vejo o quanto aquela escada era a minha montanha, o olho ferido na fechadura. A minha encruzilhada.

Eu quero que a menina da escada me diga.

"Você percebeu isso? Responda!"

Ela me devolve um suspiro. E me irrita porque parece calma.

Ela ri da minha ansiedade. Ela não sabia, mas pressentia. E bastou.

Era outubro de 1997 quando, sozinha numa sala de parto, encontrei pela primeira vez o olhar da minha filha. Abracei em silêncio a menina que pra sempre vai me chamar de mãe. Em nossos olhos havia amor e susto, esperança e medo.

Hoje, se voltasse para aquele exato instante, diria às minhas duas meninas ali, agarradinhas no bloco cirúrgico: respirem, se acalmem. Vai ficar tudo bem.

Temos genes de sobreviventes.

A escada

Resisto bravamente à minha curiosidade, à mão que quase me implora pra acessar o Google Earth. Não, não vou ceder à trivialidade de dar alguns toques no teclado em busca de saciedade instantânea para a dúvida que, de repente, ocupa meu dia. Afinal, quantos degraus tinha a escada?

Resisto porque, quando o Google nasceu, eu já era mãe. Atravessei o ano de 1997, o mais desafiador da minha vida, sem Google. Posso sobreviver mais algumas páginas escrevinhando esta história sem ele. Resisto porque não me bastará acessar as imagens da casa de hoje, da rua Madre Margherita Fontanarosa, 106, Contagem, Minas Gerais. Quero acessar a casa que ainda existe em vestígios na minha memória.

Volto à escada onde nasceu a menina da escada.

Subo lentamente. Dezessete... dezoito degraus...?

Passo pela varanda, vejo a rede que balança e lá estão duas meninas, uma ocupada em fazer a outra dormir. Vejo um quarto vazio. Respiro capricho, silêncio e paz. Ele tem paredes com miniflores, uma minúscula pia de mármore rosa no banheiro e um berço vazio porque o sono profundo ainda não chegou à menina na rede.

Mas não entrei aqui vinte anos depois em busca apenas dessa dupla que começa a se entender. Vim atrás de outra menina, a que existia antes mesmo da casa.

Era 1978 quando ela chegou aqui. Franzina, assustada e curiosa. Mais curiosa que assustada.

Me esforço para resgatar cacos de lembranças e encontro a casa que cresceu junto comigo na rua originalmente batizada Quaresmeira. A casa 106 de frente para o bosque da Escola Estadual Helena Guerra, colégio de freiras muito severas lutando para impor limites a uma tropa de centenas de alunos que berravam pelo pátio, mas andavam pianinho pelos corredores sob olhares apertados das madres e de um Cristo crucificado e dependurado no portal de acesso às salas. A rua onde morava a dona Else, professora que me ensinou a escrever, que me dizia cotidianamente "parabéns" com um sotaque inesquecível do norte de Minas e depois reclamava da minha tagarelice. A rua onde vi o barro sumir e o asfalto surgir, por onde corria pra cima e pra baixo nas disputas diárias de queimada ou nas partidas de vôlei sem rede, apenas com uma corda de varal separando os times. Pra queimada ou vôlei a bola era a mesma, de borracha com pentágonos pretos impressos por uma tinta meio borrada, imitando uma bola de couro costurada, uma bola sempre encardida, sobrevivendo nas mãos de uma molecada meio parda feito eu, feliz feito eu, dividindo brinquedos, histórias e joelhos ralados.

A favela ficava a apenas quatro ou cinco quarteirões. Ali onde vivíamos era a pré-favela, onde tem gente paupérrima, gente pobre, gente remediada, gente que parece rica mas tá devendo até as cuecas e gente com algum dinheiro sobrando que viajava pra Guarapari uma vez por ano. E todo mundo podia mudar de papel a qualquer momento, dependendo da direção que o vento da crise soprasse.

A minha rua era também a rua da Titi, uns três ou quatro anos mais velha. A Titi morava na única casa de dois andares da rua. Tinha bicicleta e patins, era alta e magra e bonita e branca. E me emprestava a bicicleta e os patins quando, eventualmente, eu tinha coragem de me aproximar. Era também a rua das primeiras paqueras, os filhos dos donos da única casa com piscina num raio de uns cinco, dez ou quinze quilômetros, ou do meu universo inteiro. Sei lá... Isso fazia os dois parecerem ricos, muito ricos. E hoje me faz apenas rir.

Eu vivia num barraco de três cômodos que por um período teve fossa, um buraco no meio das bananeiras do fundo do quintal que fazia as vezes de banheiro. Mas isso ninguém da rua precisava saber. Não me pediram segredo, nem precisou. Nosso lar era itinerante, um barraco que era desmanchado e reerguido em posições diferentes do lote à medida que uma casa surgia à nossa frente. O dinheiro comprava só o essencial, leia-se comida básica sem o luxo de maçãs. E todo o resto virava areia, cimento e tijolos.

Vi o Menino da Montanha e sua Índia consumirem vinte anos de juventude para erguer aquela casa até a última telha do segundo andar. Casa robusta, feita com fartura de massa pra não desabar. Assim que a laje do primeiro andar ficou pronta, deixamos o barraco pra dormir todos juntos nos colchões no chão ainda de cimento do futuro quarto do casal. O piso demoraria um pouco mais para pagar porque o Menino da Montanha se permitiu um capricho: carpete, do bom, da cor do gramado do Mineirão. Espalhou aquele verdume de gosto duvidoso por todos os quartos pra deixar de vez o campinho do brejo no passado.

Mas luxo mesmo era ter banheiro com porta. O maior banheiro do mundo tinha mais ou menos uns seis metros quadrados, era coberto por uma cerâmica estampada meio laranja, meio bege; e, ao jogar um pouquinho de sabão em pó no chão, se transformava em pista de patinação. Rendeu diversão e meus dois dentes da frente quebrados e remendados.

A escada só veio muitos anos e muitas crises depois, quando o Zóiverde e a Índia estavam prestes a se tornar avós, embora a menina-passarinho ainda nem soubesse. Mas a outra menina, a do olho na fechadura, diz que sempre soube.

Quando finalmente o segundo andar saiu dos sonhos, ele decidiu caprichar na escada. Se resta alguma dúvida, preciso dizer: na história daquela casa, o Menino da Montanha sempre foi pedreiro, pintor, eletricista, encanador, arquiteto e engenheiro. Rabiscou a escada dezenas de vezes em dezenas de restos de papel até chegar ao desenho perfeito. Ergueu degraus largos, nem muito altos nem curtos demais, pra subir com conforto e calma, saboreando a conquista. A contragosto, cedeu ao orçamento apertado e cobriu os degraus com retalhos de granito, mas, onde deu pra botar peças inteiras, ele botou. E fez o guarda-corpo de balaústres de concreto, um adorno torneado com uma longínqua referência a colunas greco-romanas, mais tarde pintadas de marrom, o que dava à escada uma cara única. E feia. Mas não pra ele.

O topo dos degraus era o topo do mundo do Menino da Montanha e a pista de decolagem da menina da escada.

Existo antes e depois daquela escada. Existo antes e depois da menina que agora dorme tranquilamente na rede.

O antes é memória tênue, contida, por vezes relegada. E posso narrar essa época em duas versões. Sou a menina que fingia que tomates eram maçãs, a menina que detestava a fossa, a menina que vendia pão com molho na cerca do colégio sonhando com um tênis All Star, a menina que escutou Abba na mesma fita cassete por dez horas para enxergar o mar pela primeira vez, aos oito anos, e descobrir que gostava mais das montanhas. Sou a menina da bicicleta que chegou aos doze anos, das roupas, do quarto e dos brinquedos compartilhados com as duas irmãs. Sou a típica menina da periferia pra quem sonhos costumam ter o teto baixo.

Mas sou também outra menina. Do tipo que corre para o meio da ladeira quando escuta o ruído do motor do próximo ônibus e escancara os braços, desafiando a própria sorte e a paciência do motorista, que pisa firme no freio porque não sabe que a menina sempre escapa no último segundo. Sou a menina que sempre abre os braços para o desconhecido. Sou a menina que gosta da rua, que não teme a chuva nem a ventania. Sou a menina que escolheu não reclamar. Ninguém pediu, nem precisou. Sou a menina que aprendeu a não ser vítima, ação de pouca ou nenhuma serventia.

Sou a menina que sempre sonhou voar além do teto baixo. A menina-passarinho. E quando me transformei na menina da escada, com outra menina nos braços, pela segunda vez na vida tive vontade de salvar alguém.

E agora eu podia tentar.

A menina da TV

Quero contar a vocês o que significou para Índia e Zóiverde a façanha de ver uma das três meninas deles, a menina do meio, na tela da TV. Parece uma fábula, mas foi baseada em fatos reais, ainda que eles tenham duvidado.

(Pausa pra rir; mas eles choraram.)

Era 20 de julho de 1969, um domingo, quando dois homens levaram o mundo pra frente da TV: Armstrong e Aldrin. Aqueles que pisaram na Lua pela primeira vez. Mais flutuaram que pisaram, diga-se de passagem.

Era 23 de dezembro de 1995, um sábado, quando outra pessoa, uma só, a menina do meio, entrou ao vivo pela primeira vez na TV e logo na abertura do *Jornal Nacional*. No caso, eu! Não levei o mundo inteiro pra frente da TV, mas o Menino da Montanha e a Menina do Olho na Fechadura estavam lá!

Sim, os dois fatos têm a mesma, a mesmíssima relevância pra eles. Ouso dizer que houve mais entusiasmo no segundo acontecimento. Entusiasmo com lágrimas, diga-se de passagem.

Até porque o primeiro acontecimento eles não viram. Só ouviram.

Five, four, three, two, one... zero!
A voz da América informa: lá se vai a Apollo 11 a caminho da Lua. Primeira viagem interplanetária.
Já agora bem inclinado para leste, conforme as previsões, prossegue o conjunto Saturno Apolo. Ainda envolta em densa fumaça negra a plataforma.

Numa casa, num cafundozinho de Minas, onde a menina trabalhava, entre as montanhas, fazia um frio de rachar os beiços, havia um radinho de pilha vagabundo em cima da mesa da cozinha com uma antena apontada pra Lua em que ninguém podia encostar a mão, senão o homem que falava lá dentro se calava de vez.

Entre os dois ouvintes-noivos, de aliança na mão, estava uma tia, que fazia as vezes de mãe da Índia e agora era também a patroa da menina. Essa tia-mãe-patroa assumiu uma bitela de uma responsabilidade: arrumar o enxoval e não deixar o menino provar o doce antes do casamento. De modo que, enquanto aquele blá-blá-blá todo no radinho não acabasse, ela não arredaria o pé dali.

Restava aos ouvintes-noivos se olharem assustados com o que conseguiam entender entre chiados.

Vrrrumm... xiiii... pi... pi...
Os técnicos em cabo Kennedy acabam de dar a ordem final para que os astronautas acionem o seu poderoso propulsor e injetem a Apollo 11 na trajetória balística em direção à Lua.
Vrum... xiiii...

A velocidade nessa ocasião passará de 25.567 quilômetros horários pra 35.533 quilômetros horários, e esse aumento fará com que a espaçonave deixe a órbita terrestre, consiga romper a força de atração de nosso planeta e finalmente se encaminhe para o encontro que tem marcado com a Lua no próximo domingo.
Atenção!
Separation...
Sim, está confirmada a separação.
A espaçonave está em órbita da Lua. Mais uma fase vitoriosa que acaba de ser cumprida pelos astronautas.

Quando aplausos pipocaram no radinho, eles bateram palmas também — ainda que em meia hora tivessem escutado mais palavras difíceis do que na vida inteira — e foram dormir com cara de ponto de interrogação. Quatro dias depois, eles voltaram pra cozinha, outra vez com a tia no meio.

Xii... vrum... xi...
Atenção, Brasil! Tentemos nos concentrar neste instante histórico. Está sendo ativado agora o propulsor do módulo lunar para levá-lo à sua trajetória de pouso no solo da Lua.
Atenção para a posição da espaçonave do módulo lunar da Apollo 11: sudoeste do mar das Crises, norte do mar da Fecundidade, ultrapassada a cratera Apolônio.

No meio da cozinha, Zóiverde e Índia se olharam. Que conversa de mar é essa? No caminho da Lua? Tava cheirando a uma mentirada danada.

Dentro de poucos minutos, caros ouvintes, estará terminada a parte de frenagem; a espaçonave está agora na vertical, desce na vertical.
Emoção intensa. Mantêm-se as comunicações.
Vamos acompanhar a contagem.
10... 9... 8...7...

Se Zóiverde arregalasse um pouquinho mais os olhos, eles explodiriam. E os olhos de Índia estavam fechados, apertadinhos, porque agora ela enxergava com os ouvidos.

6... 5... 4...
Vrummmm... xi... xxxxuuuumm...
Pouso! Na Lua!
Que o Brasil aplauda o êxito. Que o mundo aplauda. Pouso efetuado na Lua!

Desta vez os gritos e aplausos que explodiram no rádio não se repetiram na cozinha. Aquele casal de jovens ouvintes deixou a cozinha em silêncio com cara de fim do mundo. E foi naquele 20 de julho de 1969 que fizeram um pacto antenupcial.

— Eles querem é botar medo na gente — disseram juntos. E decidiram não acreditar em nada daquela coisarada toda de pisar na Lua.

A desconfiança persistiu mesmo quando, semanas depois, um jornaleco amassado circulou de mão em mão com um homem fantasiado de astronauta plantando uma bandeirinha em algum pastinho empoeirado que chamou de Lua. Só bocó mesmo pra acreditar nessa bobajada. E, no mais, que diferença tem? A vida tava igualzinha, o galo garnisé começava a se esgoelar com noite fechada ainda e o menino corria pro batente com a Lua alumiando o caminho e não sentia medo nenhum de que um homem num foguete despencasse na cacunda dele.

Zóiverde já não era o menino da montanha. Era o Menino do Trem. Fazia serviço de enxada, picareta e marreta. Capinava e trocava os dormentes. Deixava o caminho livre, tinindo pro trem passar. Juntando cada centavo de cruzeiros novos que ganhava para o casório.

Se tivessem um aparelho de TV, eles teriam visto que os astronautas eram sorridentes e pareciam muito bochechudos debaixo do capacete redondo de vidro que usavam; teriam sabido que, antes de embarcar para a Lua, eles comeram bife com ovos. E teriam visto que, para chegarem ao foguetão de 3.500 toneladas preparado para a viagem, os astronautas bem alimentados pegaram outra máquina que o menino e a menina nem desconfiavam da existência e que era chamada de elevador. E, provavelmente, teriam desacreditado de tudo igualzinho.

Mas a TV só chegou na casa deles quando nasceu a segunda filha, a menina do meio, que um dia se sentiria como um passarinho e depois seria a menina da escada. Mas antes de tudo ela foi o bebê da TV.

O salário-família que o governo pagou quando a menina chegou deu para a primeira prestação do aparelho Colorado preto e branco, comprado por decisão unilateral da mãe da menina, que já não suportava mais saber que nunca tinha botado o olho na melhor de todas as fechaduras já inventadas, chamada televisão. E assim foi!

A TV em preto e branco foi comprada na Bemoreira Ducal e, quando foi ligada na hora da novela, Índia se viu dentro de uma selva de pedra, sem arredar o pé da sala. "Aquilo, sim, era um salto gigantesco para a humanidade", pensou.

Zóiverde já não era o menino da montanha, nem do trem. Era o menino da usina, que limpava o chão da fundição. E pela nova fechadura instalada no meio da sala, que alumiava a casa inteira, ele finalmente entendeu o quanto o tal estrangeiro era enorme e ele, um cisco. Viu o mundo editado pelas lentes da TV, mas foi o bastante pra enxergar léguas.

Mais uma vez Zóiverde e Índia fizeram um pacto. Ela cuidaria da família pra que ele estudasse e, um dia, pudesse também estudar as filhas. Ele viu naquele acordo um futuro melhor. Ela viu a chance de escapar do rótulo "do lar", ainda que fosse pela realização das filhas. Foi feminista sem nem conhecer essa palavra. E o fez ser feminista também. Os dois criariam filhas livres, educadas pra escolher qualquer profissão. Àquela altura éramos duas. A filha número 1, menina que berrava mais que o galo garnisé e assim conseguia sempre uma beiradinha a mais de atenção (já superei), e eu, a filha número 2, a que nasceu careca.

Zóiverde tinha quase trinta anos quando se sentou outra vez num banco de escola pra finalmente aprender que "adevogado" é advogado, "dotô" é doutor e padre é padre mesmo. Mas não virou nada disso. Técnico metalúrgico era o sonho possível.

Cumpriu, dia após dia, os oito anos de estudo que o separavam do tão desejado canudo do ensino médio. O Menino da Montanha jamais pegaria o atalho de um supletivo. E, no meio da jornada, veio a filha número 3, ou Zóiverdinha, a única com os olhos dele (acho que superei).

Éramos cinco. E, para as três meninas deles, só havia um plano: o canudo maior. Mais que um pacto, esta se tornou a obsessão de Índia e Zóiverde.

De modo que, quando a filha do meio se tornou a primeira da família inteirinha da mãe e a segunda da família inteirinha do pai a vestir beca, foi quase final de copa do mundo. E, quando aos 23 anos, o bebê da TV virou a menina da TV e estava em pé, nervosa e prestes a entrar ao vivo pela primeira vez na vida e para o Brasil inteirinho assistir, Índia e Zóiverde ficaram de pé na frente da TV e pararam de respirar.

— Você não pode errar. Não pode errar... não pode errar...

Os editores aos gritos no ponto eletrônico e o casal aos sussurros no meio da sala davam a mesma ordem, que ecoava dentro da cabeça da menina da TV. E ela obedeceu.

Atenção, Brasil, para o toque de cinco segundos.
As cidades brasileiras acendem milhões de luzes para receber o Natal de 1995.

Terno rosa-bebê. Boca seca, expressão tensa diante da responsabilidade de responder ao âncora do telejornal, com cara de simpática. Sorriso ensaiado no rosto.

Na praça da Liberdade, as palmeiras centenárias da alameda central se transformam em árvores iluminadas de Natal.

A voz rouca, alguns tons mais aguda que de costume. Menos de dez segundos com a cara na tela da TV; no mais, foram as luzes de Natal que brilharam diante das câmeras.

A menina não errou, mas, nocauteada pela adrenalina, terminou o expediente chorando, sentada no meio-fio da praça. Mas não chorou sozinha.

Era 23 de dezembro de 1995, o dia em que os corações de Zóiverde e Índia por fim chegaram à Lua. E provavelmente ainda andavam por lá quando chegou notícia urgente da Terra.

A menina da TV seria mãe.

Mãe offline

Quando terminei a faculdade, em 1993, saí por uma porta e os computadores entraram pela outra. Não houve tempo para apresentações. Só um ano depois tivemos um primeiro encontro, à distância. E as advertências que ouvi ainda hoje estão acesas em meus ouvidos. "A dona daquela mesa não é flor que se cheire", "Nem pense em encostar a mão na máquina", diziam em coro os novos colegas da Globo Minas, onde eu havia acabado de ser selecionada para uma vaga de trainee de editora.

Entendi melhor quando conheci a "dona" da máquina, editora do *JN*, descendente de alemães, branca e loira que, nos frequentes momentos de cólera, avermelhava o rosto inteiro, que parecia queimar feito pimenta. O terminal, como chamavam a tal máquina, era grande o bastante pra ocupar quase toda a mesa da tirana da redação. Tinha uma tela preta, letrinhas verdes miúdas e brilhosas. Fazia serviço semelhante ao da máquina de escrever Olivetti em que eu datilografava meus primeiros textos pra TV; apenas pequenas notas.

Era final de 1994 e eu era foca ou "café com leite", na linguagem da redação onde eu trabalharia pelos próximos sete anos. A redação onde eu me tornaria mãe. E também onde tive avó e tive mãe. A mãe era paulista, sotaque carregado do interior, exigente, me pedia sempre um texto claro e elegante. Nunca achei que fui chique o bastante. A avó, pioneira na TV, era uma mineira afetuosa, começara a carreira ainda mocinha, fazendo comerciais ao vivo nos intervalos da programação. Entre uma história e outra, me pegava pela mão e me explicava tudo com o didatismo exagerado das avós, inclusive a técnica de usar o mimeógrafo sem gastar álcool demais. Entre as minhas tarefas de "café com leite" estava rodar as laudas dos telejornais e entregá-las aos apresentadores. Acima de tudo, mãe e avó me ensinaram as duas lições mais importantes que tive na vida profissional: observar o trabalho de cada colega minuciosamente, os acertos — e os erros, principalmente —, e colar nos melhores.

Em um ano larguei a Olivetti, o mimeógrafo, o papel-carbono, a edição, e me tornei repórter do *JN*. Caí, sem paraquedas, na mesa da tirana. Relação intensa, difícil, mas ela acabou se tornando minha segunda mãe na redação. Embora muitas vezes parecesse filha.

Essa foi a minha primeira família na TV, a família que me acolheu quando me tornei mãe e decidi que, mesmo com o tratamento ortopédico complexo que a minha menina teria pela frente, eu seguiria como repórter, com uma rotina que muitas vezes incluía jornadas de doze, catorze horas, viagens repentinas para a cobertura de temporais, crimes, denúncias, ilegalidades, tudo que tivesse alguma relevância nacional.

Engravidei após a cobertura do dilúvio que assolou várias cidades de Minas, em janeiro de 1997. Dei à luz três meses depois da cobertura do motim dos PMs em Belo Horizonte, quando um tiro no meio da greve matou um policial. Eu me lembro da tropa correndo dos disparos feito manada estourada em direção à praça da Liberdade, onde eu estava pronta para entrar ao vivo. Só deu tempo de esconder a barriga atrás de uma árvore.

Quando minha menina veio ao mundo, a redação tinha muitos terminais, que a gente já chamava de computadores mesmo. Naquele ano, foram várias reportagens para ensinar o telespectador que, pela primeira vez, seria possível fazer a declaração do imposto de renda pelo computador e depois gravar na última novidade do momento, um disquete. Mas eu mesma levei mais três anos para comprar meu primeiro PC. E uns cinco pra confiar no disquete e abandonar o papel.

O mundo começava a mudar, mas o ofício de repórter ainda tinha passado por poucas alterações. A pauta de cada dia já não saía mais datilografada, cheia de rasuras e, sim, impressa sem erros, com a perfeição da página de um livro. Um dia isso foi o suprassumo da modernidade. E todos nós da redação olhávamos para aquela lauda, que saía quentinha da impressora, com uma cara de incredulidade e fascínio. Mas esse espanto durava só alguns segundos porque sempre havia uma pauta a cumprir, e qualquer informação necessária para fazer uma boa reportagem se obtinha pelo telefone (fixo), ligando para um professor universitário, uma associação, um pesquisador, um médico, um advogado, um economista, pra qualquer um que considerássemos uma enciclopédia ambulante sobre determinado tema.

No Brasil eram pouquíssimos sites no ar, inovação ainda restrita a algumas universidades e órgãos públicos. E todos nós da redação ainda olhávamos para a tal rede mundial de computadores com uma baita desconfiança. O Google só nasceu onze meses depois que me tornei mãe. A Wikipédia, três anos depois. E Mark Zuckerberg ainda estava a seis anos de criar precocemente seu Facebook, que levaria pelo menos mais seis anos para se popularizar no Brasil. Resumindo, no final de 1998, minha menina já tinha passado por três cirurgias e andava quando a internet começava a engatinhar no Brasil.

Não estou escrevendo tudo isso apenas pra revelar que sou a quase cinquentona que levava um pacote de fichas telefônicas para a rua e parava num orelhão pra conseguir se comunicar com os entrevistados. Apenas preciso dizer que a minha menina revolucionou a minha vida antes do computador e do celular, e estar nessa linha do tempo, pré--internet, pré-história digital, fez uma baita diferença na nossa história.

6 de junho de 1997.
Era só mais um dia sem grandes emoções na pauta. A barriga de quase cinco meses começava a pesar, mas esse era um incômodo mínimo perto dos enjoos ininterruptos dos primeiros quatro meses de gestação. O dia calmo no noticiário me permitiria chegar mais tarde e usar a manhã para fazer um ultrassom. A imagem na tela revelava pouca coisa além de um borrão. Acho que não existia exame 3D, ou, se existisse, quem pagaria pelo luxo caro e supérfluo de enxergar os traços do rosto de um bebê ainda na barriga?

A informação básica bastava. Está tudo bem e ponto.
Mas naquela manhã ouvi exatamente o contrário.
Não está tudo bem.

Após os primeiros exames indicarem "boa evolução", "boa vitalidade fetal", naquele dia o médico enxergou no borrão do ultrassom que os pés da minha menina não se desenvolviam como o esperado. Os dois.

Devido à posição fetal e à pouca idade, foi difícil a avaliação precisa dos membros inferiores. Parece haver pé torto congênito bilateral.

— É algo simples e até comum — ele disse diante da minha expressão de desespero.

Teríamos que ficar atentos aos próximos exames, essenciais para descartar a possibilidade de outras deformidades. Ou não. Por ora não havia nada mais a ser dito. Exceto fazer a pergunta que ficou para o final:

— Como vai se chamar a sua filha?

"Filh*a*"! Ele falou pronunciando com muita ênfase a última vogal. Uma menina. A minha menina.

Eu me lembro da onda de felicidade que me invadiu ao saber que, como desejara intensa e secretamente, era uma menina que eu carregava comigo. E de sentir essa onda se desmanchar em segundos, vencida pelo medo, pela preocupação e pelas dúvidas que o exame trazia. Pé torto congênito? Outras possíveis deformidades?

E o dia estava só começando.

Minha pauta do *JN* naquela sexta-feira era um alerta sobre os riscos à coluna das crianças que carregavam mochilas pesadas demais. No dia em que eu carregava um peso gigantesco nas costas, minha pauta me levou para dentro de um hospital ortopédico de referência em Belo Horizonte. Ali, dentro de alguns meses, eu encontraria meu anjo de jaleco; o primeiro deles. Mas naquela tarde eu tinha uma entrevista com um especialista em coluna.

Ao final da gravação, a repórter pediu licença ao doutor e revelou a ansiedade da futura mãe, envergonhada, nervosa e segurando o choro.

— Calma, não é nada grave. Pé torto congênito é só um pé fora do formato padrão; muito fácil de resolver. Talvez nem precise de cirurgia.

Mas os próximos exames trariam notícias mais detalhadas. O caso se agravava.

Confirmado o defeito na posição dos pés em relação às pernas. Pé torto congênito bilateral confirmado. Possibilidade de deformidade na perna direita.

Um mês.

Hipodesenvolvimento dos ossos da perna direita. Tíbia direita encurtada.

Confirmado.

Existe dúvida com relação ao desenvolvimento normal da mão direita.

A confirmar.

A cada manhã que li a palavra "confirmado" no exame de ultrassom, se seguiu uma tarde de trabalho. Parar seria como permitir que o tempo também parasse, e eu queria que ele voasse. No dia em que o "confirmado" se referia à ausência de dedos na mão direita da minha menina, ganhei de presente no trabalho um par de luvas infantis de uma colega que ainda não sabia das notícias que o ultrassom me trazia. Eu me lembro de chorar baixinho no banheiro e de sair atordoada e acelerada rumo à pauta do dia.

No último exame veio uma certeza: a urgência de uma cesariana semanas antes da data prevista para o parto. O ultrassom revelou um amadurecimento precoce e avançado da placenta, um risco à minha menina.

A urgência da minha placenta era também a urgência da minha alma. Vivi uma gravidez de aflição, culpa, medo e preocupação. E pressa para que o suplício das más notícias terminasse. Implorei à obstetra por um parto prematuro. Negativo. Ela argumentou que não era a espera dentro do meu útero que provocava as deformidades ósseas que minha menina apresentava, que todas elas já estavam definidas, o ultrassom apenas revelava os problemas aos poucos; esperar até o fim da gestação não agravaria os problemas. Faltou convencer minha placenta.

Durante aqueles longos meses, comecei uma conversa com meu útero que consistia em um único pedido: por favor, não atrapalhe mais nada. E milhões de questionamentos que, ao final, terminavam no mesmo ponto: por quê?

Hoje, ao digitar estas palavras, vejo que a conversa ainda não terminou. Escrever é uma maneira de terminá-la, de recuperar detalhes, de saber realmente o que ficou arquivado pra sempre em meu HD pessoal e, ao final, quem sabe, superar culpas e me oferecer um abraço de perdão.

Vejo essa menina, a quase mãe, e sinto uma enorme afeição por ela. Hoje, aos 48, poderia ser mãe dela. Sei o quanto ela estava sozinha e sem respostas, sabia apenas que em breve teria uma menina nos braços com uma série de deformidades ortopédicas, se culpava profundamente por isso e ainda não conseguia enxergar um caminho, ainda não conseguia se ver mãe.

Em breve teria que oferecer colo, mas, embora se mostrasse de coluna ereta e forte, se sentia frágil. Vejo a ânsia dela em achar uma explicação, em descobrir a origem. Por muitos anos ela vai se cobrar isso, como alguém que busca em si mesmo um pecado original.

A menina quase mãe não podia adivinhar que da outra menina, a filha, viriam — quase instantaneamente — aceitação, força, calma e coragem. Ela não sabia que, ao parir, nasceria também a menina da escada. Seriam dois partos, e ela estava às vésperas do primeiro.

Sem internet. Sem Google. Sem Wikipédia.

Travei

Faz seis ou sete semanas que estou aqui, parada neste ponto.

O laptop aceso tem a força de uma folha branca e ameaçadora diante de mim. Mas minhas mãos não se movem. Enfrento-o com o melhor olhar desafiador que tenho e esmoreço em poucos minutos, sem digitar uma letra sequer.

Arrumo compromissos, tarefas bobas se tornam inadiáveis, invento médicos e check-ups. Desconfio fortemente que também inventei uma reforma e uma mudança de endereço pra fazer a lista de urgências crescer.

Enxergo a protelação, não há como ignorar. Me cobro. E, quando finalmente retomo a escrita, me dirijo ao desfecho. Ignoro a ordem natural da história e escrevo as últimas páginas que você vai ler.

Eu preciso escrever o próximo capítulo.

Adio sem saber exatamente o porquê.

Talvez eu descubra no momento em que voltar àquela maca e olhar para o pé-direito alto e o teto branco da maternidade que passa correndo diante dos meus olhos.

Chegou a hora de parir.

Calma, oi e tchau!

Cheguei até aquele corredor com o corpo intacto. Nenhum contato prévio com o bisturi. Nenhum ponto na testa, nenhuma perna ou braço quebrados. Nem uma única luxaçãozinha na minha vida inteira. Nenhuma internação prévia. Nada. Prontuário médico limpo, em branco.

Uma gestante, a poucos minutos de dar à luz, sem dores, dilatações ou contrações. A poucos minutos de uma cesárea apenas porque as condições da placenta assim exigiam. E, após meses de uma espera aflitiva, angustiante, estava surpreendentemente calma. Não sabia a razão. Nem gastei energia em procurar explicações. Apenas absorvi aquela calma repentina e inebriante que me tomou corpo e alma.

Entre o meio-dia, momento em que o ultrassom me indicou a possibilidade de um parto prematuro, e as duas da tarde, quando ouvi o veredicto da obstetra, me permiti ceder a um desejo de grávida: uma fatia extragrande de torta de frango com catupiry, algo como 800 calorias numa única refeição. Pacientes de primeira viagem não sabem que bloco cirúrgico exige um jejum de respeito, e aquela torta adiou o parto em oito horas e me garantiu uma ida ao salão de beleza. Pacote completo: cabelo, unhas, depilação, sobrancelhas.

Consigo voltar àquele momento e vejo uma grávida de bochechas inchadas, de sorriso aberto, contando para as manicures que sairia dali direto para a maternidade, que a mala com todas as roupinhas e fraldas já estava pronta, que estava tudo organizado e o melhor era gastar aquelas horas de sobra pra me preparar para o meu grande dia. Eu estava muito radiante e revivo hoje, emocionada, aquele sentimento. Como é bom voltar àquele salãozinho e descobrir que não havia ali uma menina esfregando as mãos de nervoso. Não havia uma menina chorando, contando que a filha que nasceria dentro de algumas horas teria deformidades nos pés, a perna torta, a ausência de dedos; não havia uma menina se chicoteando com aflições e preocupações, não havia uma menina com medo de receber nos braços a filha fora dos padrões, não havia uma menina com temor de julgamentos, comparações. Ela não estava preocupada com o olhar alheio, ela não pensava nos desafios nem nas dificuldades. Essa menina que havia vivido um furacão de emoções nos últimos meses simplesmente não estava ali.

Estava só uma quase mãe, feliz. Tinha um encontro agendado com alguém que esperava havia bastante tempo, um encontro muito especial, e isso exigia unhas impecáveis, sobrancelhas delineadas, depilação em dia.

Por vários anos, quando falava dessa cena, não conseguia entender nem explicar como a aflição de meses se diluiu naquelas horas, quase como mágica. Mas hoje sei que comecei a viver ali uma experiência de conexão plena. Estava plenamente conectada com a minha menina, apenas com ela, feliz por ela, feliz por nós; o resto inexistia.

Minha calma me permitiu, já no quarto da maternidade, dormir enquanto esperava o parto de uma outra grávida, colega de redação, que furou a fila com a bolsa estourada. Uma hora depois, fui despertada pela enfermeira que chegava com a maca. Eu me lembro de me despir e colocar a veste do hospital com a abertura para trás, me lembro de segurar o tecido verde-claro com a mão pra não mostrar a bunda pelo corredor, imaginando que sairia do quarto andando. E, então, descobri que pacientes não entram caminhando no bloco cirúrgico.

— Por que não? Estou ótima. Eu vou caminhando.
— Não, não vai. Não pode. São regras. Inegociáveis.

Eu me deitei contrariada na maca e, pela primeira vez na vida, enxerguei pelo ângulo do paciente. Um gigantesco corredor visto de baixo.

As paredes e o teto brancos. O pé-direito alto. Não havia correria, mas passos largos. O suficiente pra fazer as vigas do teto passarem rapidamente pela minha visão. Uma sucessão de vigas, portas que se abrem e trazem vozes distantes, de recintos que você não enxerga, de pessoas que você não enxerga, mas estão ao seu redor. E você só tem o teto.

Perdi o chão.

Entrei no bloco cirúrgico deitada por imposição. Sozinha, por opção. E com lágrimas mornas escorrendo pelo rosto.

Adeus, calma.

Amor sem script

Você é a protagonista da história. É o seu parto, o primeiro. Mas aquele script já foi repetido muitas vezes, um enredo preestabelecido que vai se desenrolando na sala de luz extremamente branca, qualquer que seja a sua vontade. Como se todos ali dentro soubessem de cor e salteado cada etapa da cena, o próximo gesto, a próxima frase a ser dita, o próximo passo a ser dado. E, efetivamente, todos sabem. Exceto você.

Foi assim que me senti quando entrei no bloco cirúrgico para a minha cesárea. A protagonista cujo papel não é agir, sequer assistir; somente aguardar. Não tinha dores, nem meio centímetro de dilatação, nada. Só uma placenta amadurecida antes da hora e a urgência de evitar maiores danos ao bebê que, em mais alguns minutos, seria a minha menina.

Meus olhos alcançavam apenas o teto branco e o lençol verde esticado à minha frente para impedir qualquer outra possibilidade de visão. Mas, quando se perde um sentido, instintivamente outro se aguça. Ouvi, ainda nervosa, tudo que se passava a meu redor. O som de objetos metálicos despejados sobre bandejas também de metal; a preparação do arsenal cirúrgico. Escutava o checklist final das enfermeiras; pinças, espátulas, tesouras, bisturis, tudo era contado e recontado e parecia classificado por números. "Pegou a 6? Falta uma 8." Ninguém levantava a voz nem sussurrava. Imaginava gestos harmoniosos, orquestrados. Era só mais uma cesárea, mais um script a repetir, rotina.

— Em alguns minutos vamos começar, ok? Você está bem? — me pergunta a obstetra.

A resposta é não. Não estou bem. O que sinto agora é um grande medo. Estou ansiosa, não sei como minha menina virá ao mundo, não sei se todos os exames de ultrassom estavam certos, se todas as diferenças ortopédicas apontadas são verdadeiras. Acredito que sim, mas minha cabeça neste exato instante é um labirinto de pensamentos e ecos, de muitas vozes, todas minhas, sou eu me dizendo muitas coisas antagônicas e não sei qual voz de comando seguir. Não tenho razões para duvidar dos exames, então por que um mínimo suspiro de esperança resiste dentro de mim? Por que uma vozinha fraca e longínqua de algum recanto da minha alma me diz: "Quem sabe todos os exames estão errados e ela não tem nada? Quem sabe...". Uma outra voz áspera e rápida sufoca essa vã esperança. "Não, não tente se enganar, você sabe que os exames estão certos"; essa, sim, uma voz que ecoa forte e potente. E me desafia: "Você não diz que acredita na ciência? Vai duvidar agora, por quê?". E, na sequência, já surge um som agourento e pegajoso dentro de mim, que eu preferia não reconhecer, mas é também minha essa voz que me invade de uma aflição enorme. "E se alguma notícia mais grave surgir no momento em que a sua barriga for aberta? Já pensou nisso? O caso pode ser muito mais complicado...". Todas elas sou eu, atordoada, perdida, sem saber em que pensar ou acreditar. Gostaria de pedir uma pausa de algumas horas. Não, não estou bem. Mas a obstetra ouve apenas uma breve resposta:

— Sim, estou bem.

Sim, essa era a fala que me cabia. Num ritual de papéis tão definidos, quem não atrapalha, ajuda. Estava entendido. Não podia retardar passos, gestos, falas; não podia retardar nada dentro daquela sala. Podia apenas tentar silenciar a minha mente. Respirar fundo e entrar no ritmo do script como se fosse levada por uma onda suave do mar, como se um vento morno e lento me movesse na direção certa. Talvez tenha recorrido exatamente a essas imagens que me vêm à cabeça agora pra desacelerar meus pensamentos. Eu precisava que um vento morno me abraçasse e conduzisse.

Inspira, expira, inspira, expira. Uma enfermeira se aproxima e me ajuda nos exercícios de respiração. Sigo o ritmo ditado enquanto ela me senta na maca. A mão quente do anestesista toca a minha mão e ele me avisa sobre a peridural. Inspira... expira... inspira... expira...

Vem a picada e, junto, um ardor, uma leve queimação na base das costas e, minutos depois, outra pergunta:

— Você está sentindo?

— O quê?

— Estou te beliscando com uma pinça.

— Não sinto os pés, nem as pernas, nem o abdômen. Nada.

E, dessa vez, a resposta é cem por cento verdadeira.

Eu me lembro de fechar os olhos, respirar o mais lenta e profundamente que podia e deixar só uma voz ecoar dentro de mim. A voz que conversou com a barriga por vários meses saiu falando, silenciando todas as outras. Não posso repetir as palavras porque estaria inventando. Nem sei se elas existiram. Sei que falava com a menina-filha, prestes a encontrar a luz branca da sala branca, mas falava também com a menina-mãe, que se abrigou de toda aquela claridade ofuscante no escuro dos próprios olhos cerrados. Mergulhei no breu dos meus olhos, e isso me acalmava. Num momento meio real, meio transe, meio reza, meio mantra, meio conversa, meio telepatia. Acho que essa é a melhor palavra que tenho pra descrever. Uma experiência telepática, falar sem som, sem frases, falar com quem você nunca viu, nunca tocou, sequer sabe qual formato aquele corpo prestes a sair de dentro de você terá, mas falar com intimidade, com calor. Dizer "estamos juntas, não importam as circunstâncias". Dizer "te amo" sem pronunciar uma única palavra. Dizer com o pensamento, com a respiração, com o coração, dizer com a pele, com cada poro do meu corpo.

Sei que em algum lugar escuro e agradável, silencioso e protegido, dentro de mim e bem longe da claridade daquela sala, eu e a minha menina nos encontramos, olhamos uma para a outra e sorrimos. Em algum lugar secreto dentro de mim, descobrimos que já nos pertencíamos. Ela já era a minha menina e eu, a menina dela. Meu encontro eterno de apenas alguns instantes.

Fui despertada por um choro suave e breve e pela voz rouca da obstetra, agora com uma fala fora do script. Inesquecível a delicadeza e a cumplicidade da frase dita sob medida pra mim, instantes antes de me entregarem a minha menina.

— Ela é do jeitinho que a gente imaginava.

E, assim, todas as minhas dúvidas estavam respondidas.

Eram oito e meia da noite, pelo horário de verão, do dia 6 de outubro de 1997, uma segunda-feira, quando mudei de papel no mundo. Acolhi minha menina miúda e ainda morna nos braços, abri os olhos pra ver seu rosto e ter certeza que ela estava encaixada e segura em meu peito. Não havia nenhuma ânsia de procurar os detalhes do corpo que recebia, isso já não fazia sentido. Ela era do jeitinho que a gente imaginava. Estava dito e, mais que isso, já nos enxergávamos de olhos fechados.

Eu me lembro de sentir um bebê silencioso e sereno encostar na minha pele. Levei minha boca à cabecinha dela e respiramos juntas. É possível que tenha dito "te amo", "oi, eu sou sua mãe", sussurrado algumas palavras ou apenas chorado, não sei ao certo. Mas tenho absoluta certeza do que disse com a alma.

Estou aqui.

Ausência

De tudo ficou a lembrança de uma frase, dita no meu momento de maior fragilidade.

Amanheci mãe, com as dores afiadas de quem, havia menos de dez horas, teve o abdômen rasgado pelo bisturi. A adrenalina pós-parto que me fez transbordar em palavras até o início da madrugada tinha desaparecido por completo.

Amanheci num choro incontrolável. Uma angústia que, por mais que eu tentasse amarrar na garganta, escapava pelos olhos.

Até hoje é difícil definir esse choro. E volto àquele momento justamente pra encontrar as nuances de cada sentimento que havia ali. O choro de decepção comigo mesma, de inconformidade e frustração por não ter conseguido dar à minha menina o formato que o mundo classifica como "normal".

O choro de quem tem certeza que falhou e dúvidas sobre todo o resto. O choro pelo estranhamento do corpo da minha menina, sim. O choro do choque, de enxergar as diferenças anunciadas no borrão do ultrassom, agora tangíveis, tocáveis. O choro de não fazer ideia se a minha menina poderia andar, correr, de não saber como seria a vida da criança frágil e de pernas tortas que dormia tranquila e silenciosa no berço de acrílico da maternidade. O choro da intuição de que seria difícil, de que julgamentos e preconceitos inevitavelmente surgiriam. O choro por pensar que, naquele andar inteiro da maternidade, ela era a recém-nascida diferente, fora dos padrões, e, àquela hora, já poderia ser o comentário no berçário. O choro por fantasiar a rodinha de enfermeiras na hora do banho observando cada diferença da minha menina. O choro por imaginar que ela poderia ser apontada através do vidro pelos visitantes que procuravam seus bebês perfeitos. E eu ainda não tinha forças pra me levantar daquela cama e rosnar pra quem ousasse apontar o dedo na direção dela.

Choro de quem envelheceu uma década em horas, de quem sabia que dali pra frente tudo seria diferente. Mas a escuridão engolia qualquer vã tentativa de focar no futuro. O choro do não saber, do não entender. De mais uma vez, em menos de 24 horas, me sentir sem chão.

Volto no tempo, entendo as razões de cada choro, mas vejo que muitas daquelas lágrimas que pareciam tão cheias de convicção se esvaziaram. Algumas rapidamente, outras levaram tempo. Mas hoje posso dizer: algumas não choraria de novo. As lágrimas da culpa tentaria não chorar, mesmo que 23 anos depois ainda as tenha em meu coração.

E hoje, com a alma mais leve, reencontro uma certeza: não havia ali um choro de rejeição. Nunca houve. É comum as pessoas imaginarem que mães de crianças com diferenças físicas ou mentais viverão um momento de rejeição, de recusar a autoria da própria cria, e que, irremediavelmente, serão mães deprimidas. Talvez esse seja o primeiro julgamento, o primeiro preconceito a nos atingir. Acredito que isso possa acontecer com muitas mães; não importam as condições com que seus filhos nasçam, quaisquer emoções e reações após um parto deveriam ser acolhidas e compreendidas à luz do turbilhão que uma mulher enfrenta para gestar e parir. Mas sei também que as emoções que envolvem a maternidade são complexas demais pra caber em caixinhas, pra serem definidas por meros rótulos.

Pois naquela manhã de 7 de outubro de 1997, chorei copiosamente um choro que repeti muitas vezes e ainda repetirei: um choro de amor, de sentir uma vontade gigantesca de acolher, de proteger, de cuidar, de buscar ajuda, de nunca mais soltar a mão. Mas era também um choro de medo, de me sentir miúda, fraca, desamparada, incapaz de dar conta da própria missão. A menina-mãe de 25 anos ainda desconhece a força que a maternidade lhe trará. Ainda faltam algumas semanas pra nascer a menina da escada, pra traçar a linha reta, pra dar partida numa maratona pessoal, cheia de energia e esperança. Ali era o choro de amor, muito amor, e pânico. Choro de solidão. Choro de desemparo.

E, então, veio a frase:

— Podemos pagar uma enfermeira e trocar de bebê. Pegar outra criança que vai nascer nas próximas horas.

O tom da voz era baixo, calmo, como se nada estapafúrdio houvesse naquela junção de palavras.

— Você quer trocar de filha? — perguntou o pai biológico, que chegara de madrugada de uma viagem de trabalho.

Emudeci.

Não era uma sugestão real. Nunca foi e nunca achei que fosse. Parecia só o absurdo de uma provocação descabida. Mas logo eu enxergaria o que havia naquele instante e estava óbvio: era a única frase que existia no repertório dele pra tentar provocar em mim alguma reação.

Não, não era a frase que eu esperava. Mas te digo: funcionou. Sequei as lágrimas e todas as minhas expectativas de colo, consolo e futuros diálogos.

Eles não existiram.

Minha menina nasceu de um namoro ainda precoce, sem nenhuma definição de futuro. A notícia da gravidez não foi exatamente comemorada no primeiro momento. Zóiverde e Índia se assustaram. Jovem, em início de carreira, solteira e grávida. Sim, em 1997 existia a classificação "mãe solteira", como sei que ainda hoje existe para as meninas das periferias de teto baixo país afora.

Pois decidi que era assim que deveria continuar. Ainda grávida, por diversas incompatibilidades, tentei o rompimento. Mas, só dois anos depois daquela frase no quarto da maternidade, a separação se concretizou por uma decisão minha. O afastamento da vida da filha foi uma escolha dele, consolidada pelo tempo.

Isso é tudo o que quero dizer a respeito.

Por isso, o que você lê nestas páginas é apenas o relato de uma mãe. Uma mãe e sua menina. Porque assim foi.

Afinal, o que ela tem?

Posso te responder com um conjunto de letras e números.

Q726. Esse é o código internacional de doenças usado para classificar pacientes como a minha menina.

O CID da hemimelia fibular, uma deformidade ortopédica, congênita e rara, que afeta 7,4 bebês a cada 20 milhões de nascidos vivos.[1] A origem do problema não está exatamente esclarecida pela ciência. Em termos bem simples, a criança nasce sem um osso de sustentação da perna, a fíbula; pode afetar apenas uma das pernas ou as duas, e esse osso, também chamado de perônio, é importante demais para não estar presente. Dele depende a sustentação do peso do nosso corpo, nossa capacidade de manter o equilíbrio e de dar um passo depois do outro. A ausência dele vai prejudicar profundamente o crescimento da perna afetada,

---

[1] Crawford, D. A. Tompkins, B. J.; Baird, G. O.; Caskey, P. M. The long-term function of the knee in patients with fibular hemimelia and anterior cruciate ligament deficiency. *The Journal of Bone and Joint Surgery. British volume*, London, v. 94-B, n. 3, p. 328-33, 2012.

vai exigir um demorado tratamento cirúrgico de alongamentos ósseos com fins não estéticos, mas funcionais. São cirurgias que podem habilitar a criança a caminhar, correr, ter uma vida independente. Mas para alguns casos, extremamente graves, não haverá correção possível, restará apenas a opção da amputação. Em 7 de outubro de 1997, o dia em que a minha menina foi examinada por um ortopedista pela primeira vez, eu ainda não sabia de nada disso.

Ela nasceu sem a fíbula da perna direita e com algumas complicações a mais.

Q660. Pé torto equinovaro, popularmente conhecido como pé torto congênito (o esquerdo).

Q723. Ausência congênita de dedos nos pés. No caso dela, faltam dois dedos no pé direito e um no pé esquerdo.

Q713. Ausência congênita de dedos nas mãos. A mão direita tem apenas dois dedos.

Q700. Sindactilia. O polegar da mão direita é mais larguinho porque tem aparência de um, mas na verdade são dois dedos colados.

Bom, esses são os códigos principais, talvez tenha mais um ou outro pra explicar algum detalhe específico, ossos do pé fundidos e só descobertos durante uma das cirurgias, uma posição muito particular do calcanhar direito e alguma outra deformidade.

Resumindo: caso grave, aparentemente com possibilidade de correção. Só o tempo e a reação dela ao tratamento nos dariam uma resposta definitiva. Mas quem te conta tudo isso hoje, em códigos, é uma mãe escolada, que passou por todo o processo de compreensão das diferenças, que lutou contra a hipótese incorretamente recomendada da amputação, que viu a menina dela enfrentar com bravura e tranquilidade dez cirurgias, uma mãe que se acha razoavelmente entendida.

Mas a menina-mãe, aos 25 anos, ainda confusa no quarto da maternidade, talvez de bate-pronto, te responderia apenas assim: ela nasceu com três covinhas, duas nas bochechas e uma na perna.

A menina da covinha na perna

Era um furo pequeno, bem miúdo, na perna direita, no meio do caminho entre o tornozelo e o joelho. Como se uma covinha tivesse escorregado da bochecha e parado ali. Imaginava aquele corpo saindo das mãos de uma costureira que, ao decidir fazer o arremate, costurou ali um só pontinho, apertado e fundo, pra finalizar a obra.

Aquele sinal me chamou atenção à primeira vista. Imaginei que era uma marca exclusiva dela, como uma pinta de nascença. Mas preferi não perguntar sobre a covinha da perna naquele momento. Havia coisas mais complexas pra discutir no comecinho da manhã do dia 7 de outubro de 1997.

Não estávamos a sós no quarto. Um ortopedista bateu à nossa porta doze horas após o parto. Conheci de fato o corpo da minha menina ao lado daquele jovem doutor enviado pelo cirurgião que, mesmo sem eu nunca ter encontrado pessoalmente, havia escolhido para ser o médico dela. À minha frente estava um solícito médico recém-formado porque o chefe estava em atendimento no bloco cirúrgico, mas havia determinado que a nova paciente fosse examinada assim que nascesse. Ele retirou com cuidado as roupinhas da minha menina e deixou aquele corpinho pequeno e enrugado totalmente aparente. Enquanto apalpava devagar cada centímetro de todos os ossos do corpo dela, eu, em silêncio, sentada na cama, seguia as mãos dele com os olhos. E logo percebi que o detalhe curioso da covinha na perna era o que menos importava naquela consulta.

A perna direita, que, como o ultrassom havia mostrado, não tinha a fíbula, se desenvolveu com a forma de um arco para a frente, bem curva e mais encurtada que a perna esquerda.

O pé? Bem, o pé direito era disforme demais pra eu ter certeza que enxergava um pé ali. Havia uma protuberância na parte de trás da perna e ali apareciam três dedos, como se fossem três bolinhas dependuradas. Era isso, um calcanhar suspenso, colado à parte de trás da perna e pequeno demais, mínimo pra dizer a verdade. E só. Se fosse permitido que um bebê de apenas um dia saísse andando por aí, basicamente, ela não teria um pé para apoiar no chão e teria que se arrastar. Mas bebês andam após um ano, felizmente. Tínhamos um ano pra tentar melhorar o que era apenas uma intenção de pé.

Perto do direito, o pé esquerdo era bonito. Claramente se via um pé ali. Tinha quatro dedos e era torto feito um cabo de guarda-chuva. O doutor examinava em silêncio, e logo o diagnóstico do meu olhar leigo se mostraria certeiro.

— Esse pé a gente resolve com gesso e no máximo uma cirurgia. É bem mais comum do que você imagina — afirmou com segurança.

O próximo passo era examinar a mão direita. Era tão pequena e tão delicada que revelava toda a fragilidade daquele corpinho de 42 centímetros e só dois quilos. Mas era também uma mãozinha alerta, acordada, com apenas dois dedinhos sempre apontados para o alto, como se a minha menina estivesse me mandando um aceno, uma mãozinha "paz e amor" permanente, com a diferença de que ela só tinha o polegar e o dedo mínimo pra mandar seu "paz e amor". Se os dedos fossem um pouquinho mais separados, seria aquele *hang loose*, o popular tchauzinho dos surfistas. Logo eu descobriria que, mesmo dormindo, aquela mãozinha ficava sempre alerta, sempre para o alto, sempre pronta para um aceno. Ainda vão se passar muitos anos, e eu ainda vou ver o corpo da minha menina adolescente, dormindo com a mão alerta, apontada para o alto, fazendo "paz e amor" pra mim, vou sorrir em silêncio e todas as vezes essa cena vai me transportar para aquela cama do quarto da maternidade, para o dia que conheci o corpo da minha menina.

Porque ali, durante aquela consulta, comecei a viver a mágica da ternura, comecei a sentir aquele calorzinho bom dentro de mim que não tem origem certa nem explicação, um calor de aconchego. Havia o pé torto, a tíbia arqueada, o calcanhar suspenso e embolado na perna lá atrás e a ausência de dedos. E havia uma série de palavras brotando da minha cabeça, palavras que qualquer pessoa poderia usar: diferente, estranho, feio, esquisito, complicado. O olhar adestrado a buscar mãos e pés com dez dedos e ossos retilíneos fica embaralhado, mas me surpreendo com a rapidez com que o estranho se torna familiar. Volto àquele momento e me vejo com uma sensação de reconhecimento, posse, pertencimento. É minha e eu sou dela. É a minha menina, com uma covinha na perna e uma mãozinha que acena serenamente pra mim.

Dela ouço alguns gemidos de estranhamento à ginástica matinal inesperada. Com desenvoltura, o médico faz mais algumas manobras com as pernas e os braços, mexe no quadril; o doutor explica que o teste no quadril é importantíssimo e, sem falar mais nada, pela suavidade da expressão no rosto dele, sei que o quadril está em ordem. Estou sentada, recostada sobre muitos travesseiros e plenamente alerta ao exame do corpinho da minha menina sobre a cama, aos meus pés. Vejo tudo, o corpinho por inteiro, as pernas se mexendo e a mão direita quietinha e ereta. O médico estala os dedos ao lado dos ouvidos dela, faz outros sons e movimentos pra testar os reflexos, observar as reações. Ao final, já com a minha menina enrolada e aquecida nos meus braços, tive confirmado o diagnóstico previsto pelos exames de ultrassom: hemimelia fibular.

— Pelo exame clínico, posso assegurar que ela não tem a fíbula da perna direita — disse o jovem médico. — Mas, como também apresenta outras deformidades ósseas, chamamos o que ela tem de síndrome ortopédica. Raramente pacientes com hemimelia têm alterações nos braços e mãos.

E, pra não deixar dúvidas, prosseguiu:

— Pense numa escala de 1 a 5 para classificar a complexidade do problema. Sua filha está no nível 4, caso grave — disse. — Felizmente ela tem todos os dedos da mão esquerda e terá desenvoltura com essa mão, mesmo que não seja canhota. O cérebro de um bebê é capaz de se adaptar plenamente a essas condições congênitas.

— Ela vai andar?

Percebi um ínfimo suspiro e um "sim" com ressalvas.

— Sim, provavelmente sim. Não tenho razões neste momento para duvidar disso. Talvez ela ande um pouco mais tarde do que o esperado. Mas isso vai exigir muitas intervenções e cirurgias, um longo tratamento ortopédico que precisa começar imediatamente. Assim que ela ganhar alta da maternidade, você tem que nos procurar. Vamos te explicar tudo.

Eu ainda digeria aquela sequência de palavras em silêncio quando ele completou:

— Ah! Os problemas dela são ortopédicos, não há nenhum indício de anomalias neurológicas, felizmente. Um neurologista da maternidade fará outros exames, mas a princípio isso é uma ótima notícia.

Eu me lembro de sorrir por reflexo, sem decodificar as palavras da última frase. Sim, ele acabara de dizer que havia me dado uma ótima notícia, a melhor notícia. Mas minha mente estava estacionada um pouco atrás... isso vai exigir um longo tratamento ortopédico... com muitas cirurgias...

Nós nos despedimos. Ele, gentil. Eu, no modo automático, perdida no pacote de informações que havia acabado de receber. Não perguntei mais nada. Era hora de digerir aquele mundo novo de palavras novas.

Só meses depois eu iria descobrir que a cicatriz de nascença no meio da perna da minha menina é uma marca registrada da hemimelia, quase todos os pacientes nascem com aquele pontinho na pele. O arremate, como se todos tivessem saído das mãos da mesma costureira.

Mas naquele momento só voltei ao bercinho pra continuar sentindo o calor da mão direita dela dentro da minha. Precisava sorrir para a menina da covinha na perna.

Palavras machucam

Deficiente.

Você faz ideia do que significa para uma mãe ouvir essa palavra? Provavelmente não. Ninguém pensa nisso. Nunca havia pensado até me ver diante das toneladas que dez letras podem pesar.

Te digo: dói; dói muito. Me doeu o rótulo e me doeu pensar nas consequências dele. Doeu imaginar que a minha menina poderia crescer ouvindo isso, se sentindo menos, inadequada, imprópria. A notícia de que ela não tinha nenhum comprometimento neurológico ou intelectual era ótima, extraordinária, a melhor que poderia ter recebido depois de uma gestação tão angustiante. Mas trazia um grande desafio: ela ia crescer com a consciência plena de todos os problemas ortopédicos que tem, ciente do rótulo que poderiam tentar impor a ela.

Deficiente. No dicionário: que tem alguma deficiência, falho. Falto. Que não é suficiente sob o ponto de vista quantitativo, deficitário, incompleto. Na prática: aquém, abaixo do esperado. Alguém que sai devendo na largada.

Essa palavra me atravessou o peito de tal maneira que me imaginava de pé num tribunal recebendo um veredicto, diante de um juiz rude e apressado que dá uma sentença condenatória antes de ouvir as partes. E, como parte, ou mãe-advogada de uma parte ainda incapaz de se manifestar, resolvi me rebelar por ela. Simplesmente recusei o julgamento.

Deficiente em quê, senhor juiz? Em tudo? Você apenas bate o seu martelo idiota e diz: "é isso, limite-se a ser deficiente e a viver na caixinha dos seres inferiores"? É uma condenação à prisão perpétua das limitações? Não te parece uma pena de morte para possibilidades? O senhor, senhor juiz, é deficiente em quê? Não, não me responda! Eu vou te dizer em que eu sou deficiente. Tenho 25 anos, sou jovem, ariana, bem-disposta, mente até que equilibrada, tenho ossos retos, pés perfeitos, dez dedos nos pés e dez dedos nas mãos e sou deficiente. Sou deficiente para desenhar, incapaz de fazer mais do que um tosco triângulo pra representar o corpo humano; também sou deficiente para lidar com bolas, incapaz de me adequar a qualquer atividade em que uma bola venha na minha direção, pode ser de pingue-pongue, basquete ou vôlei, ou qualquer outra, minha deficiência nesse quesito é de grau 100. Também sou deficiente do ouvido, incapaz de reconhecer uma única nota musical ou de tirar de dentro de mim um único verso afinado. Mas tenho alguma eficiência com os números e as palavras. Escolhi trabalhar com as palavras e até que estou indo bem. Pois hoje te digo: recuso a sua palavra. O senhor não vai bater o seu martelo na cabeça da minha menina. A palavra é minha, minha escolha.

A partir dali, da minha boca e da de todos aqueles que eu tivesse a capacidade de reeducar, minha menina não ouviria julgamento algum, nenhum veredicto precipitado. Ela não cresceria num luto de possibilidades natimortas, ela cresceria num jardim de possibilidades vivas, numa casa de janela aberta, com o sol entrando. Não cresceria no oásis da perfeição, no mundo fantasioso do posso tudo, sempre. Cresceria no mundo real do posso tudo o que eu quiser muito e me esforçar pra alcançar.

A palavra é minha, senhor juiz.

Diferente.

Minha menina nasceu com uma diferença física. E só o tempo nos mostrará limitações e possibilidades.

A palavra é minha, senhor juiz.

Igual.

Porque somos todos diferentes e tão iguais.

(Conversei com muitos juízes. O primeiro deles morava dentro de mim. Meu juiz interior morreu antes de condenar a minha menina. Depois me preparei para uma guerra com os juízes do mundo, e já estava de escudo e espada nas mãos quando descobri que pequenos gestos dizem muito.)

A mão que puxa o lençol

Era uma escapadinha rápida. Apenas uma volta no shopping pra respirar e sair um pouco da rotina de trocar fraldas, amamentar, arrotar, dormir... A montanha-russa dos primeiros meses de um recém-nascido que parece não ter fim. Era como se eu precisasse enxergar o mundo do lado de fora do quarto que dividia com a minha menina pra ter certeza que tudo continuava igual, mesmo que o meu mundo já fosse completamente outro. E aqueles dois mundos teriam que se encaixar.

Era a nossa primeira voltinha fora do roteiro casa-hospital-hospital-casa. E assim fomos; ela dormindo, eu com uma euforia ingênua de estreante no roteiro "mãe que passeia com o bebê no shopping". Carrinho, fraldas, roupinha sobressalente e chupeta; bolsa compacta porque nunca fui de muitos exageros; e o primeiro batom após quase três meses. Passar o batom me exigiu olhar no espelho por mais de alguns segundos. Estava cansada, a pele meio amarelada, a sobrancelha feita com esmero antes do parto já toda desgrenhada, olheiras gritando num rosto ainda um pouco inchado. Odiei as bochechas. Hoje me olho nas fotos e vejo o que realmente era: uma menina. Tentei disfarçar o que não me agradava com o batom e peguei um tamanco de salto, como se seis centímetros a mais pudessem erguer um pouco minha autoestima. Talvez tenha surtido algum efeito naquela tarde, mas, quando me lembro do tamanco de salto de madeira, barulhento e feio, tenho vontade de voltar correndo até aquele armário e pegar um par de tênis, pelo amor de Deus! Mas o tamanco naquela tarde venceu, foi a escolha da menina-mãe.

E assim fomos, três meninas. Eu, a minha menina e minha irmã caçula, a Zóiverdinha, tia cúmplice da infração de sair de casa antes do terceiro mês completo, antes de todas as vacinas aplicadas. O roteiro se resumia a empurrar o carrinho por alguns corredores, olhar algumas vitrines sem cobiça, comprar no máximo algum presentinho para a minha menina, só um mimo, porque ela não estava precisando de nada e também porque as prioridades financeiras eram de ordem hospitalar. Faltavam apenas duas ou três semanas para a primeira cirurgia na perna direita da minha menina. Eu já sabia disso, mas ela ainda não. Essa conversa ainda não tinha acontecido. Mas naquele instante eu só queria fazer o papel da mãe que passeia com o bebê no shopping despreocupadamente. Queria fingir por alguns instantes que não havia uma data marcada no calendário nem um medo à minha espreita.

O roteiro de uma hora terminaria com um sorvete e o retorno pra casa a tempo do banho das seis da tarde, sem grandes reviravoltas na rotina.

Era um final de dezembro quente. Minha menina vestia uma roupinha leve que deixava as pernas e os braços à mostra. Tinha só um lençol fininho, que preferi deixar enrolado aos pés dela no carrinho porque o gesso que prendia as duas pernas já me parecia quente demais para um dia como aquele. E ela estava confortável, dormia serena enquanto cumpríamos o roteiro.

E, então, sentada na hora do sorvete, um momento que poderia ser banal se tornou essencial na nossa história. E tudo aconteceu em poucos, pouquíssimos segundos. A uns sete ou oito passos de distância, vi um casal sorridente caminhando em nossa direção. Tive aquele branco instantâneo e comum no pós-parto de não reconhecê-los, mas como num estalo, num soluço da memória, percebi que os sorrisos eram para mim, que eram familiares, vindos de um casal de amigos; um repórter do *Jornal Nacional*, como eu, e a esposa, bonitos, felizes, com cara de saudáveis e caminhando até nós. Naquele exato instante, com o canto do olho vi um gesto que precisava impedir, que não podia deixar passar em hipótese alguma.

Com a pontinha dos dedos, num movimento muito suave e discreto, com a melhor das intenções de quem tem a alma amorosa e protetora e a personalidade de uma virginiana, a menina-tia, então com 21 anos, tentando manter no rosto um sorriso de normalidade, puxou todo o lençol dos pés até o pescoço da minha menina, deixando só a cabeça descoberta. O que fiz não foi resultado de reflexão alguma, apenas de instinto. Não havia tempo para uma palavra sequer. Lembro de olhar nos olhos dela, um olhar de agradecimento pelo gesto de proteção, mas também um olhar de recusa; segurei o lençol e o conduzi de volta aos pés da minha menina, até que o corpinho voltasse a ficar completamente à mostra. Eu me levantei e sorri de volta para o casal, que agora estava à minha frente pra conhecer a minha menina.

Na volta pra casa não houve uma conversa sobre aqueles breves segundos. Não havia necessidade. O gesto em si dizia tudo. Hoje sei que naquele dia aprendi e ensinei algo que fez diferença na minha história como mãe e na história da minha menina. Talvez a maior de todas as lições: compaixão também condena.

Lençóis nunca mais foram puxados, exceto em noites frias.

Tadinha, não!

Como disse, foi um instinto. Apenas segui uma ordem interior de segurar aquele lençol, puxá-lo de volta, e naquele gesto descobri um caminho. O reflexo levava à reflexão. Era simples, bem simples. Não precisaria sair por aí rodando o mundo de espada nas mãos. Bastaria ser firme e clara ao demonstrar como eu lidaria com as diferenças da minha menina. Não mudaria o mundo, mas o mundo à nossa volta se adaptaria, como um espelho que devolve a imagem que você manda na direção do cristal.

E, definitivamente, minha menina não aprenderia a se esconder. Nunca. (Mais tarde, na adolescência dela, vou entender que, se e quando ela quiser, tem o direito de deixar a manga do casaco esticada pra evitar um ou outro olhar. Sendo bem sincera, vou entender mais ou menos, porque vou ser sempre a chata que dobra a manga direita da camisa ou da jaqueta, buscando a mãozinha *hang loose* da minha menina. Até que ela se desvencilhe de mim e deixe a manga como bem entender; "Entendeu, mãe?". E, pra terminar a conversa, faço cara de que entendi.)

Mas lá, nos tempos do berço, puxar aquele lençol de volta me trouxe uma convicção. Daquele gesto nasceu um mantra que a menina-mãe repetiria algumas dezenas, talvez centenas de vezes, ainda que para alguns parecesse uma rispidez desnecessária da parte dela. Não era.

E meu exercício pessoal de resistência às palavras inadequadas começaria logo com a mais doce de todas as visitantes: a tia-mãe da Índia. A tia do radinho de pilha na cozinha, do dia em que o homem pisou na Lua. A tia do enxoval bordado para o casamento com Zóiverde. A tia que ensinou Índia a cozinhar pra se casar. A tia que ensinou tudo que a Índia sabia, que podia até ser pouco, mas era tudo.

Hoje ao me lembrar da cena, tenho ímpeto de rir. Mas ela cruzou o nosso caminho quando essas sete letrinhas, tão docinhas, tão meigas... já estavam internamente banidas do meu vocabulário. Só faltava anunciar que aquela palavra de aparente inocência não seria pronunciada na frente da minha menina. Pelo menos não se eu pudesse impedir.

Não sei qual presente ela levou para a minha menina. Provavelmente alguma toalha ou lenço bem bordado, porque fazia questão de se doar nos presentes. Sei que a suavidade da voz dela era um presente. Figura calma, serena; já estávamos conversando havia um bom tempo, já tínhamos tomado um chá ou dois e a minha menina seguia dormindo no berço. Como ela não dava sinais de que acordaria tão cedo, decidi buscá-la adormecida mesmo e levar até a sala pra que a nossa visitante pudesse conhecer a meio-sobrinha, meio-neta.

Entrei na sala já desenrolando o manto da minha menina e, quando me sentei no sofá, assim que ela viu as pernas engessadas, a mão direita miúda, com a expressão consternada e o olhar transbordando piedade, soltou:

Sou a mãe dela

— Ah... tadinha! Coitadinha...

— Não, tadinha, não. Ela não é uma coitadinha. Ela tem uma diferença física, mas vai crescer bem e feliz como qualquer outra criança.

Índia congelou. Por um instante, achei que embranqueceu.

Falei em voz baixa. Mas o tom era reto. Não tinha curvas de doçura nem acentos de grosseria. Tinha uma certeza que parecia medida, pensada, mas que eu efetivamente começara a praticar ali, no meu primeiro duelo com as palavras. Como se o gesto de puxar o lençol alguns dias atrás tivesse me levado ao passo seguinte, a tentar eliminar qualquer "tadinha" do meu vocabulário, daquela casa e de quem viesse nos visitar. Era o único passo possível à minha frente. De novo eram o faro e a intuição que me levavam a tomar um caminho com uma segurança como se a vida toda eu tivesse transitado por ele. E sabia que não haveria volta.

Sustentei o olhar, sereno mas firme, ciente de que havia acabado de criar um baita de um mal-estar naquela sala, dissolvido em segundos pela leveza e sabedoria da nossa visitante.

— Claro que não é. Você tá coberta de razão... Mas como é delicado o rostinho dela...

Índia voltou a respirar.

Eu me lembro do olhar atravessado na minha direção e de devolver esse olhar com uma mensagem cifrada: acostume-se! Nunca se acostumou.

Nos meses que se seguiram, durante a peregrinação de visitantes queridos, uma cena se repetia. Enquanto eu buscava minha menina no berço, mal virava as costas e deixava a sala, ouvia o sussurro da Índia-avó: "Ela não gosta que chame de tadinha, viu?". Eu a imaginava dando uma piscadinha, com aquela cara do tipo "estou te dando um toque amigo, entendeu?". Era o modo Índia de conviver com o meu tom reto. Fazia uma curva atrás de mim. Ok, funcionava.

Mas, daquela tarde em diante, sempre que necessário repeti meu mantra: "Tadinha, não!". Foram muitas, muitas vezes. A parentes, amigos, desconhecidos, gente na fila da padaria, no caixa do supermercado, no trocador de fraldas do shopping, na mesa do restaurante, para crianças em festinhas, para todas as babás, professoras a cada novo ano escolar, ao tio da natação... Algumas vezes o mantra vinha acompanhado de uma explicação, de como evitar aquela palavra poderia fazê-la crescer mais segura e confiante, com autoestima; ou vinha com um pedido de colaboração, de como era importante formar um time, sobretudo na família e na escola, para que ela crescesse sabendo que era uma criança com diferenças físicas, mas que não deveria ser discriminada por isso e também não poderia ser mais protegida ou mais amada que as outras crianças. Nem mais, nem menos. Precisava de um time que a visse como igual, ainda que diferente.

Esse time se formou. E foi incrível contar com a compreensão e a ajuda de tantas pessoas que conviveram com a minha menina na primeira infância por onde andamos, em Belo Horizonte, Brasília e São Paulo. Teria uma longa lista de agradecimentos a fazer, a incontáveis pessoas que nos deram generosidade em vez de piedade. Amor em vez de compaixão. Nominalmente seria impossível. Mas posso agradecer a cada um que conviveu com a minha menina com o brilho do incentivo no olhar, a luz da motivação, do acreditar, do simplesmente permitir, do deixar ser. Colhemos muitos olhares assim.

De todas as professoras com quem compartilhei a satisfação de vê-la crescer feliz, cercada de amigos, incluída.

Do tio do judô que ela jurava que lutava mesmo que cambaleasse pelo tatame. Da tia das aulas de balé que ela fazia descalça ou de tênis porque não havia sapatilhas adequadas pra ela, apenas pela alegria de se sentir bailarina. Do professor de piano que tocava apenas com sete dedos pra mostrar que ela também podia. E pôde. Vi minha menina, com as pernas soltas no ar, penduradas no banco do piano, aprender a tocar Beatles, leve e feliz. E no melhor estilo "let it be", num dia qualquer, minha baixinha chega em casa, suada e cansada, mas radiante após a última aula do dia: educação física.

— Tive aula de vôlei. Sou ótima no vôlei!

Contive a gargalhada e me sentei para almoçar com a minha acompanhante faminta e suada. O banho podia esperar. O estômago, não.

Sei que o meu mantra ajudou. Ele era o pedido que eu mandava para o espelho do mundo. Não enxerguem minha menina como uma tadinha, não façam dela uma coitadinha. Repeti esse pedido sempre que necessário. Até que um dia o meu mantra se tornou o nosso mantra.

Ela devia ter uns seis anos. Já havia enfrentado quatro cirurgias, mas ali no parquinho da quadra onde morávamos, em Brasília, ninguém sabia dos detalhes. Eventualmente uma ou outra mãe via as cicatrizes e falávamos sobre o tratamento. Brasília foi um período de férias; após as primeiras quatro cirurgias em Belo Horizonte, ela teve quatro anos livre do bloco cirúrgico, livre para crescer até descobrirmos os próximos passos do tratamento. Ali ela era só a menina do bloco 302, correndo com as outras crianças da vizinhança. Usava um aparelho ortopédico pra dar sustentação à perna, uma engenhoca de plástico e metal dentro de um tênis cor de rosa, mas quem tinha olhos pra perceber tais diferenças quando havia a areia, o escorregador, o balanço?

Ela cresceu solta e sorridente na algazarra de todas as tardes naquela quadra. Corria de short, sem camiseta até ficar com a barriga melada de suor, o cabelo grudado na testa e o tênis cheio de areia. Tirava o tênis ainda no parque pra que pudesse sentir os pés descalços na areia, embora sem o sapato e o aparelho ortopédico perdesse desenvoltura e corresse mancando, dando uns pulinhos. Naquela tarde, enquanto ela se esbaldava na areia, nos segundos finais do sol, vi uma criança um pouco mais velha se aproximar com os olhos grudados na mão direita da minha menina. Fez menção de que queria segurar a mãozinha, mas ela se esquivou.

— Você cortou a mão. Tadinha...

Só observei.

— Não cortei, não. Eu nasci assim, não sou tadinha. Posso fazer tudo que você faz.

As palavras finais foram ditas já correndo para o brinquedo mais próximo, como quem desafia o outro a correr atrás. E a menina, sem maiores curiosidades, foi apenas aceitando o convite para esticar a brincadeira um pouco mais.

Sim, eram as minhas palavras; minhas palavras na boca dela, mas ditas com segurança e naturalidade comoventes. Sem medo. Isso as tornavam também as palavras dela.

Naquele instante compreendi que não precisaria mais repetir meu mantra com tanta frequência simplesmente porque ela já sabia fazer isso. E não era uma questão de apenas repetir, mas uma questão de não ser. Ela não era uma tadinha. Sabia se colocar de forma simples, sem maiores dramas, sem se vitimizar. Fui tomada por uma felicidade enorme, se pudesse sairia gritando pela quadra, pulando e dando cambalhotas, mas decidi não oferecer um ataque súbito de loucura à vizinhança. (Chegará o dia em que vou sair por aí gritando pelas ruas, mas ainda vou ter que esperar mais catorze anos até ela passar no vestibular.) Hoje sei que, naquele fim de tarde na quadra 302, no sudoeste de Brasília, me senti provavelmente como a mãe de um arqueiro olímpico que, depois de muitas sessões de treinos e treinos, mira e acerta o centro do centro do alvo e ganha o topo do pódio. Depois daquela vitória, o arqueiro pode até errar o centro do alvo, mas ele sabe o endereço. Sabe onde quer estar e onde não quer estar. Isso faz toda a diferença.

Minha menina sabia que tinha um lugar no mundo. E começava a se defender naquele lugar. Era uma vitória gigantesca. Recolhi tênis, brinquedos e aparelho ortopédico do parquinho, voltei pra casa com a minha pequena arqueira parecendo um croquete, coberta de suor e areia. No banho daquela noite, tenho certeza que ela sentiu o orgulho que preenchia minha alma.

Dezesseis anos depois, ainda sinto a aura daquele instante. Chega a me assustar saber que é possível sentir de novo o gosto bom daquele sorriso, discreto nos lábios, mas escancarado no coração. Me alegrar com a alegria já vivida, como se, durante aquele breve diálogo de meninas no parquinho, o universo tivesse feito uma pausa pra me mandar um "oi" do além. "Sim, é por aí mesmo... pode seguir."

Segui. Hoje vejo pelo retrovisor uma alegria plena e inocente naquela menina-mãe. Vejo a menina-repórter, iniciante no ofício de lidar com as palavras, e também iniciante no ofício de oferecer palavras à filha. Revivo o orgulho de ter oferecido as melhores palavras que conhecia e negado o que me pareceu e ainda parece pior: o papel de vítima, de coitada, de incapacitada.

Hoje entregaria as mesmas palavras outra vez. Todas elas. Acredito que a mulher que a minha menina se tornou tem muito das palavras que plantei. Mas, se acertei com as palavras, foi também com elas que errei. Mas isso eu ainda levaria muitos anos pra enxergar.

Perguntas não calam

Recusar palavras foi a maneira que encontrei para nos proteger, a nós duas. Eu precisava amadurecer pra lidar com o peso da palavra "deficiente" ("tadinha" jamais vou aceitar mesmo). E, ao mesmo tempo, queria oferecer à minha menina um filtro contra estigmas que pudessem contaminar o processo dela de construção da autoestima, um escudo contra olhares de preconceito e julgamento. Não tinha essa intenção plenamente elaborada, mas hoje vejo que foi de fato o que tentei fazer; tentei dar a ela um tempo pra que construísse o próprio olhar, com amor e acolhimento por si mesma, para que se enxergasse como capaz. E pra que entendesse que não é o olhar do outro que te define, diz quem você é e até onde você vai. Nunca.

Esse é um desafio pra vida inteira; em quantas situações me vi pensando sobre isso na vida adulta, por vezes lidando com a dureza do olhar alheio? Mas, na primeira infância da minha menina, me pareceu essencial dar esse tempo a ela. Ensinar enquanto eu também aprendia que o olhar do outro não poderia me definir como mãe. Tentei ajudá-la a selecionar palavras. Tentei ser clara e serena a cada resposta que fui intimada a dar ao longo dos primeiros sete anos de vida da minha menina.

A cena exigia intervenção rápida.

Duas meninas de três anos se olham, se medem, no meio de uma festa junina da escola em que a minha menina era a aluna novata, ainda em Belo Horizonte. Um olhar mais demorado para a mão direita dela e pimba!

— Passarinho comeu sua mão?

A reação da minha menina foi imediata: buscou o meu olhar, a minha resposta sobre a dúvida que se impunha. Tinha um ponto de interrogação carimbado na testa e, pelo arregalar dos olhos, creio que por pelo menos um instante acreditou na teoria do passarinho faminto que sai voando por aí a comer dedos.

Me agachei junto delas, porque estava claro para as duas pequenas interlocutoras que cabia a mim esclarecer a questão.

— Não, passarinho não comeu a mão dela. Ela nasceu com uma mão menor, com dois dedos, mas vai poder fazer tudo que você também faz. Passarinhos não comem a mão de ninguém — disse isso com a minúscula mão da minha menina apoiada na palma da minha mão.

— Ufa! — foi a resposta que ouvi com um sorriso de alívio da nossa pequena interrogadora. E o impasse acabou na barraca de pipoca ao lado.

A pergunta era uma pérola. Até hoje tenho vontade de rir da pureza do raciocínio infantil, que, diante de algo nunca visto, diante do estranhamento que uma mão com dois dedos provoca, constrói uma tese.

Mais difícil era quando as perguntas tinham outra origem, de adultos sem noção, sem informação, ainda que bem-intencionados.

— Mãe, se eu rezar muito, Deus vai fazer nascer dedos na minha mão?

Gelei.

Estávamos deitadas coladinhas na cama dela, havíamos acabado de rezar o "Santo anjo do senhor, meu zeloso guardador, se a ti nos confiou a piedade divina, sempre nos rege, nos guarda, nos governa, nos ilumina para sempre...", pimba! Veio a pergunta, e dessa eu já imaginava a origem.

— Quem te falou isso?

— A babá.

Uma senhora simples, correta, trabalhadora e evangélica que nos ajudava havia cerca de um ano em Brasília.

— Não, por mais que você reze, Deus não vai fazer nascer dedos na sua mão — respondi com o tom mais sereno que consegui naquele momento. — Isso não é possível. Ela te disse isso porque não sabe que Deus ajuda a gente de outra forma, nos dando forças pra lidar com nossos desafios. É isso que Deus faz. Amanhã eu vou ensinar pra ela que não existe essa história de nascer dedos.

Foi assim o começo de uma longa conversa pra explicar a uma criança de seis anos que ela nasceu diferente por uma questão difícil de entender, que nem mesmo a ciência tinha uma resposta completa, mas que isso não importava naquele momento, que tudo o que tínhamos a fazer era seguir com o tratamento médico para dar a ela as melhores condições, sem perder nossa fé.

Pra explicar que nascer diferente não era um castigo de Deus nem um problema pra Deus resolver, era apenas uma diferença como tantas outras pessoas também tinham. Um alto, um gordo, um muito magro, um com condições de andar, outro não, a maioria capaz de enxergar, mas alguns não, outros que não escutam, muitos que parecem perfeitos, sem nenhum problema, mas cada um tem suas diferenças, mesmo que a gente não enxergue... Desfiei um rosário de argumentos, a minha verdadeira oração daquela noite, até que ela adormeceu.

Após aquela conversa, ainda colada ao corpo dela, sentindo o ritmo da respiração da minha menina, voltei à escada. Me vi outra vez no topo daquela escada, um pouco mais cansada, afinal, seis anos e quatro cirurgias haviam passado. Mas também um pouco mais madura, talhada pelo tempo e pelas perguntas que ele invariavelmente traz. Enxerguei a babá e a avó da menina da escada juntas. Duas mulheres simples, uma evangélica e outra católica, fundidas numa fé ingênua, sem más intenções e também sem a compreensão de como palavras inadequadas podem semear dor e esperanças infundadas pelo caminho. Não tive mágoa nem raiva, apenas uma certeza: tinha que agir.

Com a babá imaginei que havia falado sobre tudo, tinha passado todos os mantras que achava necessários, "não a chame de tadinha, não precisa proteger, temos que incentivá-la a fazer as atividades do dia a dia sozinha, ela quer aprender a amarrar os cadarços sozinha, não precisa ajudar demais, pode deixar ela quebrar a cabeça um pouco, não se apavore se ela cair, ela pode comer sozinha...". Mas não havia falado de Deus.

A partir daquela pergunta, com aquela babá e com todas as outras que nos ajudaram, falei de Deus, com respeito às escolhas espirituais de cada um, e também com muita clareza pra explicar o sentido da palavra fé dentro da nossa casa. E pra estipular uma ordem: em caso de qualquer dúvida, questionamento ou inspiração divina, a conversa era comigo. Sempre comigo.

O duelo com as palavras foi longo, às vezes difícil, às vezes mais simples e fácil que o imaginado. E sempre essencial em nosso caminho, especialmente nas ocasiões em que as perguntas partiram dela.

— Mãe, eu sou deficiente?

Meu estômago rugia. Uma manhã inteira, desde as sete horas, correndo no Salão Verde do Congresso Nacional, no auge da cobertura do mensalão, atrás de informações para entrar ao vivo. A adrenalina da função me fazia esquecer a fome, mas às três horas da tarde, quando eu chegava em casa, só queria um prato cheio e quente e meia hora de silêncio. Mas ela me esperava na porta com a pergunta pronta.

Nem um beijinho, nem um "oi, tudo bem?", sinal de que o caso era de emergência. Eu me sentei, puxei o ar e tentei ganhar tempo.

— O que você acha?

— Acho que não — foi a resposta instantânea dela, seguida do mantra "tenho uma diferença, mas posso fazer tudo que outras crianças fazem" que ela havia me ouvido dizer tantas vezes.

— Alguém te chamou de deficiente?

— Não.

Naquela manhã na escola, a turma havia conversado sobre os direitos das pessoas com deficiências físicas que necessitam de algum auxílio especial. Viram fotos de pessoas em cadeiras de rodas, conversaram sobre as dificuldades de quem não ouve, não fala, não enxerga. Mesmo sem se encaixar em nenhuma dessas situações, minha menina sabia que o assunto dizia respeito a ela.

Foi uma longa conversa pra explicar uma escolha, por que optei por dizer "diferente" em vez de "deficiente", por que tentei escapar do peso da palavra, evitar o preconceito que ela pode carregar. Pra explicar que, antes de pensarmos em limitações, podíamos pensar em possibilidades, e tudo ficaria mais leve. Mas não havia como escapar da resposta.

— Sim, do ponto de vista médico, quem nasce com uma parte do corpo ausente é considerado deficiente, e você tem uma deficiência física. As diferenças que você tem nos ossos da perna, nos pés e na mão direita podem fazer com que muita gente te enxergue como deficiente, algumas pessoas podem te chamar assim porque essa é a palavra que elas costumam usar. Você não precisa se chatear por isso, não deve se abalar. Não importa. O que importa é como você se enxerga, como você lida com as suas diferenças. E como você busca realizar o que deseja.

Ela interrompeu meu falatório e correu ao quarto. Voltou com lápis e o caderno de lições que precisava terminar de preencher. No livro da primeira série do ano de 2005, estava impressa a pergunta:

"Você é portador de alguma necessidade especial (deficiente físico)?"

Com a letrinha redonda de uma menina de sete anos, ela preencheu na minha frente:

"Não."

Fechou o livro e sorriu porque o dever de casa estava pronto.

Naquela conversa, enxerguei na atitude da minha menina, aos sete anos, que a autoestima dela já não dependia da palavra de ninguém. E ela só começava a me mostrar isso.

A palavra que tanto me doera começou a não machucar mais. Seguirei achando a palavra "diferente" sempre mais respeitosa. "Especial" foi outra palavra que dispensei, ignorei na verdade, porque acho que ela carrega um eufemismo desnecessário. Mas compreendo as mães que recorrem a ela para aliviar o peso do rótulo.

Muitos anos vão se passar e lembrarei com clareza dessa conversa quando, na área da imigração pra retornar ao Brasil de alguma viagem, minha menina me encara com o olhar maroto de quem está prestes a pegar a saída exclusiva para pessoas com deficiência e escapar da fila. E eu devolvo um olhar de reprovação do tipo "se enxerga e deixa essa fila pra quem realmente precisa". Vou contar pra ela daquele "não" bem redondinho escrito com esmero no caderno de lições e vamos rir juntas.

Muitos anos vão se passar até que eu descubra que, mesmo com todo o sucesso do tratamento ortopédico que permitirá que ela chegue à vida adulta sem nenhuma limitação de mobilidade, minha menina terá, sim, uma necessidade especial. E vou correr muito para ajudá-la e, ainda assim, seguirei usando a palavra "diferente".

Com o tempo, a mãe-jornalista entendeu que definir, identificar o grupo ao qual a minha menina pertence, o grupo das pessoas com deficiência, tem uma importância crucial: do ponto de vista do reconhecimento, do ponto de vista da saúde pública, da inclusão educacional, da luta por mobilidade urbana, pelos direitos básicos de qualquer cidadão. Quem nasce ou adquire uma diferença física, intelectual ou neurológica muitas vezes é visto como uma aberração, o gene que deu errado, o estranho, o esquisito, que em muitos países e culturas, em muitas famílias ou na ausência delas, pode estar condenado a ser invisível. Minha menina não é o gene que deu errado, não é uma exceção. Ela faz parte de uma multidão, da maior minoria do mundo segundo a Organização

Mundial da Saúde, formada por 1 bilhão de pessoas com algum tipo de deficiência. E, dentro da minha cabeça e no meu vocabulário, ela faz parte de um todo, de um grupo de mais de 7 bilhões de habitantes deste planeta, únicos em suas diferenças.

A mão esquecida no armário

(Você viu? Já estamos em Brasília, estamos bem. Mas preciso te contar por que fomos parar lá.)

Índia e Zóiverde ainda tinham cabelos pretos quando minha menina e eu partimos rumo a uma nova fase da vida. Deixamos o aconchego e a segurança de estar perto da família para viver a 740 quilômetros de distância. Da tranquilidade de ter sempre com quem contar para a responsabilidade de enfrentar todos os perrengues em dupla.

Duas meninas forasteiras, recém-saídas da sensação de proteção, de estar entre as montanhas, para a amplidão desconhecida do cerrado. De Belo Horizonte para Brasília. Era junho de 2002 quando desembarcamos na capital do país.

Profissionalmente seria um grande desafio, a experiência de cobrir o centro do poder; a menina-repórter precisava crescer. A menina-mãe, também. Hoje vejo que foi uma opção pelo progresso no trabalho e também pela autonomia como mãe, uma opção por segurar as rédeas da vida plenamente e por aprofundar a conexão, a sintonia, a parceria entre nós, minha menina e eu. Agora éramos nós duas.

Desde o topo da escada, eu havia assumido todas as responsabilidades pelo tratamento da minha menina, todas as decisões médicas, todas as questões financeiras. Índia e Zóiverde já tinham caminhado demais nessa vida, não podia sobrecarregá-los com responsabilidades que eram minhas.

Eu me lembro de percebê-los um pouco assustados, apreensivos diante do longo caminho de cirurgias que se impunha. Tristes por não poderem contribuir financeiramente para o tratamento. Talvez até um pouco impotentes, com o coração apertado pela dúvida, "e agora, o que vai ser?".

Foi como deveria ser. Eles nos deram todo amor, amparo e companhia de que precisávamos. Eu tive espaço para ser uma mãe independente e minha menina teve avós e duas tias que a inundaram de afeto e carinho. Nada alimenta mais que isso. Estávamos bem nutridas e fortes para o próximo passo.

Até aquele momento, já havíamos feito todo o tratamento possível em Belo Horizonte, minha menina já tinha enfrentado o bisturi quatro vezes — a primeira cirurgia, aos três meses de vida, para retirar um tendão fibroso que prendia e impedia o crescimento da perna direita, a que nasceu sem a fíbula e por isso não crescia no mesmo ritmo da perna esquerda e continuava torta; a segunda para reposicionar o pé esquerdo, que deixou de ser torto como um cabo de guarda-chuva e agora era apenas um pé chato e muito fofo e se apoiava bem no chão; a terceira para melhorar o alinhamento do pé direito, e a quarta para girar os dois dedos da mão direita, deixá-los quase um de frente ao outro, para que tivessem o movimento de pinça, a capacidade de pegar uma folha no chão, um palito ou qualquer outro objeto pequeno ou fino. Ela pode fazer tudo isso, mas escreve e desenha com a mão esquerda, a que tem os cinco dedos. Seria destra, mas, diante das diferenças físicas, teve que domar o cérebro e ensiná-lo a viver como canhota.

Quatro vezes de um mesmo enredo difícil pra mim e, sobretudo, pra ela — anestesia geral, bisturi, suturas, dores, doses cavalares de remédios, cicatrizes. Quatro vezes em que encarei o medo de perdê-la, mas não me permiti parar. Brasília surgiu como um oásis na nossa história. Quatro bons anos em que ela não precisou enfrentar o bloco cirúrgico. Agora, orientavam os médicos, teríamos que aguardar o que os ossos dela iriam nos dizer. Era hora de esperar minha menina crescer para definir os próximos passos do tratamento. Hora de crescer, em todos os sentidos.

Vivemos fases semelhantes na descoberta da capital federal. Enquanto minha menina se revelava uma excelente estudante, dedicada, caprichosa, uma leitora promissora com apenas cinco anos, eu me esmerava em tentar ser a melhor repórter de política que pudesse. Aprendi que sete anos como repórter na Globo Minas eram uma boa base, mas precisaria pedalar bastante se quisesse me destacar na cobertura política nacional.

E, de alguma forma, conseguimos. Não falo do olhar ou do julgamento alheios. Falo das nossas expectativas. A nossa ansiedade foi diminuindo à medida que vencíamos juntas cada etapa de adaptação à nova vida. Enquanto eu aprendia a decifrar o Congresso e os ministérios atrás de fontes, vi a minha menina ganhar autoestima e confiança a cada bom resultado que conquistava na escola e a cada nova amizade que fazia. A diferença física, ao contrário do que eu tanto temia, não representava um obstáculo.

Minha menina ganhava desenvoltura, coragem; mesmo pequena e novata, assumia uma liderança na turma, sem medo de se mostrar como era. As professoras se surpreendiam, e eu carregava um sorriso oculto na alma. Minha menina vencia brilhantemente um momento crucial pra ela, o início da vida escolar. E eu, feito ela, também ganhei autoconfiança a cada "ao vivo" seguro que emplacava em rede nacional, com alguns furos de reportagem e o acolhimento cada vez mais forte da equipe. Brasília nos abraçou, e curtimos muito o calor desse abraço no cerrado.

Entre as melhores lembranças que tenho, estão nossas manhãs de domingo no Eixão — uma longa e larga avenida que cruza o Eixo Monumental, onde ficam os palácios e a Esplanada dos Ministérios, e vai atravessando todas as quadras residenciais do Plano Piloto. A cidade geométrica, Brasília, e seus endereços de múltiplas letras e números, seu trânsito de tesourinhas que havia me apavorado, agora já não me assustava mais, e, aos domingos de sol, saíamos para uma manhã de exercícios no Eixão. Eu na corrida, ela no pedal. De aparelhos ortopédicos, tênis adaptado e bicicleta de rodinhas, minha menina conseguia pedalar cerca de quatro quilômetros, da SQS 108 até a sede do Banco Central. Enquanto trotava ao lado dela, eu disparava palavras de incentivo e, no final, soltava um alto e desafinado "tan-ta-tan... tan-tan-tan...". Pegava emprestado o hino da vitória do Senna pra celebrar a vitória dela, que me retribuía com um sorriso, orgulhosa de si mesma. Estava crescendo feliz e com as pernas fortes. Isso era importante demais pra saúde dela e, pra mim, o melhor revigorante, que me abastecia de energia pra enfrentar qualquer batalha. Depois era só voltar caminhando devagarzinho para a sombra, o sorvete e a água de coco.

Nosso único compromisso médico em Brasília era visitar um hospital ortopédico a cada três ou quatro meses para conferir o ritmo do crescimento dela, acompanhar a diferença de tamanho entre as pernas, que, naquela época, aumentava cerca de sete milímetros por ano. Essa diferença era compensada com palmilhas e saltos adaptados nos tênis, e, nos aparelhos ortopédicos, as chamadas órteses geralmente eram trocadas a cada ano.

Numa dessas visitas à equipe médica que a acompanhava, fomos convidadas a fazer parte de uma experiência, um projeto inovador: testes para o desenvolvimento de uma mão biônica; sim, aquela mão robótica, com chips e sensores ligados diretamente aos nervos e capazes de se comunicar com os neurônios do paciente. Se ela se adaptasse ao mecanismo, poderia usar a mão biônica e, no futuro, seria capaz de pegar um copo, abrir uma latinha de refrigerante, segurar objetos bem maiores do que poderia com apenas os dois dedos da mão direita. Uma mão eletrônica que, com o avanço da tecnologia, poderia dar aos pacientes a sensação do tato, uma mão de metal, fios e eletrodos, mas capaz de "sentir".

Não houve euforia da nossa parte, mas uma curiosidade, um interesse em tentar. Se é o futuro, afinal, por que não? Agora, diferentemente das primeiras cirurgias, a decisão não era apenas minha, era nossa. Minha menina, então com sete anos de idade, acompanhou atenta todas as explicações e vantagens, sabia que era um teste e disse sim.

O primeiro passo dessa jornada era testar uma prótese de uma borracha muito fina, que foi feita sob medida pra ela, se encaixava perfeitamente nos dois dedos da mão direita e lhe dava três dedos extras, uma mão completa. Lembro do esmero dos médicos, protéticos e fisioterapeutas, auxiliando a minha menina na escolha da melhor "mão" que ela poderia levar pra casa. O material era importado, a cor da "pele" da prótese foi escolhida com extremo rigor para que ficasse idêntica à cor do corpo dela. O material era levíssimo, não poderia incomodar nada e, como voluntárias do projeto, não precisávamos pagar por todo aquele cuidado. Foram vários testes até que a nova mão da minha menina ficou pronta e foi entregue a ela.

Sorridente e simpática, ela agradeceu, encaixou a prótese na sua mão real de dois dedos e partimos de volta pra casa. Ao entrarmos no carro, só vi uma mão voando pelos ares, já largada no banco de trás. Não disse nada. Psicólogos haviam me orientado a não forçar a barra, deixar o processo de curiosidade e interesse pela prótese fluir naturalmente. Não deveria demonstrar ansiedade, fazer perguntas, nada. Apenas deixar a nova "mão" acessível, perto dos brinquedos preferidos dela.

A mão dormiu esquecida no armário semanas a fio, sem nenhum uso. Quando chegava o dia de retornar ao hospital, minha menina encaixava a prótese e seguíamos para mais uma bateria de testes. Baixinho, longe dela, explicava à equipe que ela ignorava a prótese quando saía do hospital, não levava para a escola, não usava para brincar, não mostrava para as amigas; por mais que eu a deixasse ao lado das bonecas mais adoradas ou na estante dos livros, a nova "mão" acabava sempre abandonada.

— Você gostou da mão que fizemos pra você?

A resposta era um sim extremamente cortês.

— Então, procure usar um pouco mais pra você se adaptar — sugeriam.

— Sim, vou tentar — respondia minha menina, com toda doçura que encontrava dentro de si.

E mais uma vez a mão voava para o canto do carro e lá ficaria se eu não a levasse para o quarto, junto dos brinquedos, e mais uma vez lá adormeceria por semanas. E a rotina da minha menina seguia normalmente.

Foram quatro ou cinco tentativas, quase um ano de muita simpatia nas respostas e nenhum uso. Até que chegou o dia de fazermos testes de habilidade com e sem a prótese. Dezenas de microcâmeras instaladas numa sala azul que lembrava um estúdio de TV, onde apenas a minha menina entrava e brincava, encaixava peças, levantava brinquedos, pegava pequenos objetos com e sem a prótese. Aquelas câmeras não filmavam a imagem da minha menina, tinham o poder de "enxergar" o esqueleto dela, registrar cada mínimo movimento dos ossos, tendões e nervos das mãos. E todos os testes mostraram o que a gente já sabia: a performance dela era muito superior sem a prótese. Com os dois dedos da mão direita ela se virava bem em todas as atividades. E, com a prótese, quando ganhava a "vantagem" de ter cinco dedos, perdia quase toda a desenvoltura.

A decisão estava tomada, por ela. Não adiantava insistir. Tive uma longa conversa com a equipe, agradeci o empenho, mas expliquei que a autoestima dela era a conquista maior que havíamos alcançado até ali, e eu acreditava que, se prosseguíssemos com os testes, por mais promissora que fosse a mão biônica, estaríamos enviando a mensagem errada para a minha menina. Estaríamos tentando ensinar que ela precisava de cinco dedos quando ela mesma achava que não. Estaria em risco a autoconfiança dela.

A cada vez que a minha menina ignorava aquela prótese, estava nos dizendo que não precisava dela. E isso era maravilhoso. O sim cortês e simpático após cada teste era mera diplomacia de uma menina que nunca foi rude pela própria natureza. Como se dissesse: "sei que se importam comigo, agradeço, mas não preciso dessa mão". O não era a resposta verdadeira da minha menina. Era a decisão dela aos sete anos de idade, e foi ouvida.

Minha menina saiu do projeto da mão biônica com a mesma serenidade que entrou. Aquela prótese nunca fez parte da rotina dela, nunca alterou a forma como se enxergava, nunca fez falta.

Não era o futuro moderno e tecnológico que estávamos perdendo, era a segurança dela em si mesma que estávamos preservando. E eu, que nesse episódio fui mera observadora, agradeço por ter compreendido o não que ela nos disse sem palavras. E, secretamente, a admirei sempre que me deparei com uma mão inerte e esquecida no fundo de uma caixa de brinquedos.

Voo de beija-flor

Eu tinha que voar.
 Não havia outra opção.
 E abri as asas, de coração partido.
 5 de janeiro de 2018. Faz doze anos que vivemos em São Paulo e apenas dois que encontrei um refúgio entre as montanhas pra respirar. E estou de folga neste fim de semana.
 Faz alguns minutos que um beija-flor descansa na palma da minha mão. O movimento do peito que se enche e esvazia de ar num ritmo frenético denuncia que ele não pousou aqui por livre e espontânea vontade. Minha mão não representa nenhum perigo. Mas ele não sabe. O olhar está assustado e as garras dos pés, encolhidas e enrijecidas; sinais inequívocos de medo, mesmo pra quem não entende nada de beija-flor, exceto que o bicho é lindo. Mas sei exatamente o que é sentir o corpo enrijecido pelo medo.
 O sol de duas da tarde está forte o bastante pra extrair todo o brilho que aquela penugem oferece em seus muitos tons de verde. Poderia admirá-lo por horas, mas foram meros três minutos; um breve descanso após a zonzeira provocada

pelo choque contra a vidraça da nossa casa nas montanhas. E, quando ele finalmente parte, voo junto rumo ao dia 30 de dezembro de 2005, que ainda hoje me parece um dia surreal.

Decidir nunca foi meu ponto fraco e sempre me gabei disso. Por centenas, talvez milhares de vezes, repeti aos meus ouvidos uma daquelas "verdades" que nos movem, que chamo de mantras particulares. O mundo é dos decididos. Viver é fazer escolhas.

Fácil, até que você está na encruzilhada, sem a menor noção do que virá após dar uma guinada na própria vida. Você olha adiante, já sabe que precisa seguir, mas ninguém te empurra. Só o seu sim pode te conduzir para a próxima etapa, e ele não sai de dentro de você nem a fórceps. Porque um medo brutal se apodera do seu corpo.

Daí um beija-flor surgiu.

(Só hoje vejo como estava exausta de tomar decisões e implorava por uma ajudinha do além...)

Era dezembro de 2005 e nossa vida precisava tomar outro rumo, teríamos que começar o ano de 2006 vivendo em São Paulo. Isso representava deixar meu trabalho como repórter em Brasília. Significava deixar as trincheiras do Palácio do Planalto e do Congresso Nacional, deixar a cobertura do mensalão pela metade, deixar a realidade que como cidadã me enojava muitas vezes, mas era o trabalho que eu amava fazer; o ofício de formiguinha com uma lupa na mão, labuta de apurar, de questionar, de encontrar contradições, mentiras, meias verdades, de encontrar a veia da informação e depois entrar ao vivo pra todo o Brasil; sentir a boca seca, o coração disparado, a adrenalina do "ao vivo", do "não pode errar", percorrendo meu corpo. Em Brasília me joguei de vez nessa adrenalina (único vício da vida, ainda hoje). Mais do que jornalista da TV Globo, eu me sentia funcionária da notícia, brigava pela informação ainda que soubesse que perderia algumas batalhas. Porque essa é uma das primeiras lições que se aprende como repórter no centro do poder.

Em pensamento já tinha o futuro precocemente realizado. Estava preparada, inclusive, pra deixar pra trás as amigas do cerrado; em 33 anos de vida, as que mais me fizeram rir e me entenderam nas entrelinhas. Tinha que me preparar para a despedida. E, no momento certo, teria que preparar a minha menina para enfrentar o novo, de novo!

Para ela seria mais uma mudança de cidade e de escola, mais uma vez chegar como forasteira, buscar dentro de si a coragem de se apresentar, de se mostrar com as diferenças que carrega no próprio corpo. Ela já havia feito isso aos quatro anos, na chegada a Brasília, mas esse é um desafio que cresce com o tempo, como se as diferenças se tornassem mais visíveis, e agora ela estava com oito anos, com estatura de cinco. Imaginava minha menina erguendo a cabeça e enfrentando uma classe inteira de colegas bem mais altos que ela, com o olhar da curiosidade e do estranhamento tão intensos aos oito anos, e meu coração se encolhia no peito. Certamente seria difícil pra ela. Mas não havia outra opção.

Minha menina sabia que São Paulo seria nosso próximo destino. Mas não sabia quando e, pra minha surpresa e sorte, não pareceu se exaltar com a iminência da mudança. Já eu tinha tudo decidido. Iria me transferir da Globo de Brasília para a sede de São Paulo. Faltava só o mero detalhe de convencer a direção de jornalismo da TV a efetuar a mudança logo no começo do ano, mantendo o meu salário e a minha função de repórter de rede. Mas isso eu resolveria assim que passasse o réveillon. Não incomodaria os chefes no meio das festas de fim de ano.

A nova guinada era uma imposição do tratamento dela. A discrepância de tamanho entre as pernas naquele final de 2005 chegava a cinco centímetros. Tentávamos compensar como era possível. Com uma palmilha sob medida e um salto de borracha na órtese que ela usava atada à perna direita, ela sorria e mancava um pouquinho. Sem o aparelho ortopédico, ela sorria e mancava muito, era difícil se equilibrar de pé. A coluna parecia cada vez mais torta pela diferença entre as pernas, que poderia chegar a doze ou quinze centímetros na adolescência se nada fosse feito.

Na viagem de dezembro para consultar o ortopedista de Belo Horizonte que a acompanhava desde os primeiros dias de vida, o prognóstico foi claro: chegou a hora! Teríamos que encarar a etapa mais punk do tratamento e dar início aos alongamentos ósseos, uma série de cirurgias que só terminaria no final da adolescência, quando ela parasse de crescer e as pernas, à força de bisturis, motosserras e muitos pinos de titânio, seriam finalmente igualadas em tamanho. E o melhor lugar no Brasil para encarar as próximas cirurgias era São Paulo.

Isso era tudo que eu sabia do futuro médico da minha filha. Não sabia quantas cirurgias seriam, não sabia em que hospital ocorreriam nem a qual ortopedista entregaria minha menina, não sabia quanto custaria, não sabia das dores. Não sabia que ela ficaria meses com pinos conectados à tíbia da perna direita, pinos expostos ao risco de infecções, saindo da pele; não sabia que esses pinos teriam que ser girados impreterivelmente de seis em seis horas, como se fosse um tratamento com antibióticos; não sabia que esse momento de girar os pinos vendo as feridas abertas, ainda por cicatrizar, me provocaria vertigens e tampouco podia imaginar que, após vencer as dores terríveis do pós-operatório, a minha menina assumiria essa tarefa com uma força e uma responsabilidade surpreendentes. Não sabia que, durante aqueles meses vendo minha menina com os pinos na perna, eu rezaria baixinho, longe do olhar dela, encolhida debaixo do cobertor, pedindo aos céus uma proteção pra que a livrasse do risco de qualquer infecção, pra que ela suportasse o tratamento. Não pensava na cadeira de rodas, nas muletas, na fisioterapia, nem deixava minha menina pensar em nada disso. E já não podia me queixar do Dr. Google. Se quisesse, bastariam alguns cliques e assistiria a muitas cirurgias de alongamento ósseo pelo mundo. Nunca fiz isso. Foi uma escolha. Era mais fácil realizar o futuro editando os detalhes.

Sabia apenas que a perna direita dela seria alongada em São Paulo. Ponto. E, assim, parti para o meu último réveillon no cerrado, dois dias na Chapada dos Veadeiros, paraíso de cachoeiras e místicos de toda ordem. Seguia a estrada reta, daquelas que não revelam o fim, pensando em como conversaria com meus chefes para conseguir minha transferência em regime de urgência para a Globo de São Paulo quando meu telefone tocou.

A Record precisava de uma apresentadora para o principal jornal da emissora. O âncora e editor-chefe teria o contrato rescindido em dois dias, e em um mês uma nova dupla de apresentadores deveria se sentar à bancada para enfrentar o horário nobre e a concorrência do *Jornal Nacional*. O nome escolhido era o meu, dependeria ainda de alguns testes de vídeo ao chegar a São Paulo, mas pela proposta eu já desembarcaria na nova emissora com um contrato de apresentadora, com o triplo do salário que ganhava como repórter. Fiquei paralisada.

Naquele instante, era como se a decisão estivesse tomada, por alguma força superior a mim. Como se meu destino estivesse desenhado à minha frente. Mas eu tinha que dizer sim ou não. Eu me vi em São Paulo, me vi apresentadora pela primeira vez na vida. Me vi largando uma carreira em ascensão na maior emissora do país e embarcando rumo a um destino incerto onde não conhecia nada nem ninguém. Me vi trocando o lugar onde me criei como jornalista e me sentia em casa por um lugar desconhecido. Fazer essa troca era, definitivamente, sair da zona de conforto. Completei a viagem até Alto Paraíso me lembrando das reportagens de denúncias que fiz ainda na Globo Minas contra a Igreja Universal, proprietária da Record. É um engano, só pode ser um engano, pensava. E, ainda em choque, cheguei a uma roda de meditação no meio da Chapada.

Um senhor com um cajado na mão, no meio da roda, com uma fogueira acesa, dizia:

— Se está difícil saber o caminho, peça um sinal concreto, com fé. E, acredite, a Chapada é capaz de mandar sinais.

Juro pra você: nunca fumei maconha na vida, não comi cogumelos nem tomei chá algum que pudesse me trazer qualquer efeitozinho alucinógeno na vida. Era e ainda sou uma ariana teimosa, pragmática, pé no chão e obcecada por tomar decisões de olhos bem abertos. Mas naquele fim de tarde apenas fechei os olhos, respirei fundo e pensei: se meu destino for a Record em São Paulo, um beija-flor terá que me dizer. E, logo após a virada no calendário, voltei a Brasília.

Domingo, 1º de janeiro de 2006.

Entro em casa, ligo a TV no *Fantástico* e assisto à seguinte cena:

Atenção, os relógios do planeta marcarão um segundo a mais em 2006 porque a Terra está viajando mais devagar.

Parei, e a apresentadora cibernética dizia:
Não é nada? Num segundo um beija-flor bate as asas até 80 vezes.

E lá estava a ave verde e reluzente, na tela da minha TV, diante de uma espectadora boquiaberta. E bastaram alguns milésimos de segundo pra eu duvidar. Não, não pode ser. Esse não serve. Que venha o segundo beija-flor.

Segunda-feira, 2 de janeiro de 2006.

Piso na TV Globo de Brasília, retornando de mais uma entrada ao vivo no *Jornal Hoje*. Um assistente da equipe técnica me pergunta onde passei a virada do ano. Quando conto que estive na Chapada, ele me faz um convite:

— Minha mãe tem uma área de camping lá, você precisa participar de uma festa linda que acontece todo ano em junho, o festival dos beija-flores.

Ri outra vez, virei as costas e outra vez duvidei — vai ter que vir outro. Esperei pelo terceiro beija-flor, que nunca voou até Brasília.

Era preciso encarar a vida real: negociações, contrapropostas, pressão dos dois lados e o calendário que corria. Por uma semana fui consumida dia e noite por uma dúvida terrível, mas uma voz dentro de mim dizia: tenha coragem pra voar. Dizer sim à nova proposta ainda significava interromper um contrato com a TV Globo quatro meses antes do prazo, significava quebrar minha palavra. Doeu. No Rio de Janeiro, o diretor-geral de jornalismo esperava minha resposta. Ao telefonar pra dar a notícia e ouvir dele a última cobrança, se iria mesmo quebrar o contrato com a emissora, quem respondeu não foi a jornalista, mas a mãe.

— Esse dinheiro faz diferença na vida da minha filha.

Nunca disse, mas sei que entendeu.

A última vez que entrei na redação de Brasília foi para comunicar minha decisão à minha chefe imediata, olho no olho. Ela, mãe como eu, me ofereceu o ombro. Chorei e voei, sem mais uma vez me permitir olhar pelo retrovisor.

Era 9 de janeiro de 2006 quando assinei meu primeiro contrato de quatro anos com a TV Record.

Era 30 de janeiro de 2006 quando carreguei uma foto da minha menina até o estúdio, deixei em uma mesinha bem ao meu lado, me sentei pela primeira vez na bancada de um telejornal pra dar boa-noite em rede nacional. Felizmente dividia a tarefa com um âncora já consagrado, gentil e acolhedor.

Teria que recomeçar. Escrever um novo capítulo da minha história profissional, sem ter noção do tamanho dos obstáculos nem das inúmeras oportunidades que surgiriam. E todas as vezes que a dúvida, a tentação do "e se", do olhar para trás me rondavam, aquela voz dentro de mim dizia: você está em São Paulo, a cidade onde vai terminar o tratamento da sua filha.

O terceiro beija-flor? Nunca havia aparecido, até hoje. Talvez seja esse que trombou contra a minha vidraça, repousou na minha mão e partiu. E me trouxe de volta a lembrança da encruzilhada. Hoje vejo o quanto a dor da mudança de trabalho me consumiu. Mas não era uma questão de múltiplas escolhas.

Escolhi a minha filha. Escolheria de novo.

Dois invernos

Estamos sentadas, eu e ela, separadas pelo calendário e por um oceano. Estamos sozinhas e juntas.

Ela está sentada numa escada vazia, num lugar desconhecido, na hora do almoço. Vai comer um sanduíche frio. Eu não vou almoçar hoje, mas uma ceia me espera à noite. Estou sentada numa calçada úmida, num dia congelante e longo.

Estamos no inverno, eu e ela. Ela, no inverno chuvoso de Londres nos últimos dias de fevereiro de 2012. Eu, no inverno branco de Nova York, coberta pela grossa camada de neve que caiu a madrugada inteira, no dia 24 de dezembro de 2009.

Começo pelo Natal.

Naquela manhã de quinta-feira, tenho a missão de abandonar os cobertores sem autopiedade e seguir para o subúrbio de Nova Jersey para acompanhar a história que comovia o Brasil.

Um menino de nove anos deixa o país no meio de um enorme alvoroço de fotógrafos e jornalistas. Abraçado ao padrasto, chega à Embaixada dos Estados Unidos no Rio de Janeiro pra ser entregue ao pai biológico; era o desfecho dramático de uma longa batalha judicial entre duas famílias. A mãe, brasileira, havia morrido um ano antes. E o pai, americano, disputou e ganhou a guarda definitiva do menino. E eles já estavam dentro de um avião, a caminho de casa em Tinton Falls, a uma hora e meia de Nova York, onde eu aguardava sentada na calçada.

Naquele Natal a família americana festejaria. A brasileira estava dilacerada. E eu tinha um compromisso em Manhattan, jantar num restaurante no meio do Central Park cravejado de luzes pra realizar o desejo da minha menina de viver um Natal de cartão-postal, com trenó e bonecos de neve de verdade em vez dos falsos flocos de algodão. Ela acabara de completar doze anos e aquela noite seria uma despedida dos sonhos de Natal.

Antes, eu tinha que cumprir a pauta e registrar a chegada de pai e filho a Nova Jersey. Seguimos de táxi até a porta da casa. Dois graus, marcava o termômetro, sensação térmica bem abaixo disso, mas a verba de produção que o escritório da TV havia nos deixado não permitia o luxo de alugar um carro. Dispensamos o táxi e ficamos ali na calçada; eu, o repórter cinematográfico e a produtora. Um dia inteiro de espera, ao redor dos carros e caminhões de transmissão ao vivo das TVs concorrentes. Eu não parava de pensar na mãe do menino; por que morrera tão cedo? Não conseguia deixar de me imaginar no lugar dela. É um exercício difícil, lutar para manter um distanciamento saudável da notícia, não tomar lado, não sofrer uma dor que não nos pertence. Mas naquela manhã havia outro inimigo a vencer: o frio que congelava os ossos, dos pés à cabeça. Eu me mantive firme, pensando que, à noite, um Natal de verdade nos esperava; eu, minha menina e o cara que já era pai, mesmo que essa palavra ainda não estivesse em nosso vocabulário.

Horas de espera. Quase um dia inteiro até que fosse confirmada a notícia de que pai e filho haviam desembarcado na Disney, bem longe dali. Mas o vaivém pela rua pra não sucumbir ao frio havia nos dado uma vantagem em relação aos colegas brasileiros da emissora concorrente, que ficaram abrigados dentro de um carro; numa conversa com os repórteres americanos mais experientes que cobriam aquela disputa havia anos, conseguimos o endereço dos avós paternos, que moravam nas redondezas.

O tempo pra oferecer qualquer reportagem sobre o assunto se esgotava. Mais um táxi, batemos na porta e demos a sorte de ouvir um sim. Os avós estavam de malas prontas pra encontrar o neto que não viam fazia cinco anos, mas aceitaram falar com a nossa equipe.

Ouvi deles um desabafo marcado pela dor.

— O sofrimento da família brasileira não nos comove. Ninguém se importou quando éramos nós que sofríamos a ausência do nosso neto — disseram, ressentidos.

Uma entrevista forte, comovente, exclusiva.

Terminei aquela jornada dentro do café mais próximo que encontramos, com uma produtora se descabelando pra fazer um cartão de internet da Starbucks funcionar pra transmitir nossa reportagem ao Brasil. Transmitir imagens via internet "emprestada", sem um sinal potente, era simplesmente enlouquecedor. E, por telefone, o coordenador do escritório de Nova York, em férias no verão do Brasil, acabara de me informar que nossa internet Wi-Fi simplesmente não havia sido renovada e isso só aconteceria após o recesso do Ano-Novo. Como se notícias tirassem folga.

Gritei pra não chorar. Aos berros, implorei que ele tivesse respeito pelo nosso trabalho. Em vão. Estava exaurida de frio, de fome, consumida pelo estresse. Aquele foi um dos dias em que o copo quase transbordou, o dia em que cheguei perto de jogar a toalha, derrubar a pauta, pedir demissão, chorar e gritar chega! Não aguentava mais brigar pra trabalhar. Já havia acontecido antes, mas não em um dia como aquele, com um frio que quase corroeu minhas energias. Quase.

A reportagem chegou ao Brasil. Aos trancos e barrancos para o *Jornal da Record* daquela noite mesmo e, com um pouco mais de calma, virou uma reportagem especial para o programa de domingo com a entrevista na íntegra. Demos um furo. Voltamos pra Manhattan, exauridos e em silêncio. Eu sabia exatamente por que o copo não havia transbordado nem transbordaria em muitos outros perrengues profissionais que ainda viveria. Porque havia uma menina na minha história, me aguardando para uma noite de Natal.

Terminamos aquele 24 de dezembro de 2009 vendo a neve voltar a cair de mansinho lá fora, dentro de um restaurante quente e iluminado pelas luzes natalinas. Minha menina pré-adolescente estava encantada. Não reparou que o risoto estava empapado e frio, que o vinho chegava em taças de plástico, que os garçons serviam a comida com a pressa típica de uma lanchonete fast-food, mas cobrando preço de restaurante estrelado. Basicamente, era um mico do tipo "pega-turista" jantar naquele restaurante do Central Park na noite de Natal. Eu apenas achava graça. O sabor da minha noite estava no olhar iluminado da minha menina vivendo um último sonho de infância. Pensei mais uma vez na mãe do garoto, que morreu jovem demais e deixou o filho no meio de uma disputa nos tribunais; uma briga em nome do amor, mas, ainda assim, uma verdadeira guerra. E apenas saboreei a paz de estar ao lado dela por mais um Natal.

Estávamos em Nova York havia seis meses; cheguei após uma crise profissional. Apenas três anos e meio depois do meu voo de beija-flor, a estratégia da Record mudou, e eu acabara de perder a função de apresentadora.

Ao me ver substituída, sofri. Mas também me deparei com uma das lições mais importantes da minha carreira. Quem diria, até as leis da física têm dois lados. Dois corpos não ocupam o mesmo lugar. Fato inquestionável; e era o meu corpo que estava de saída. Mas um só corpo não ocupa todos os lugares. Fato também. Era só me reposicionar onde houvesse espaço para o meu trabalho.

E lá estávamos nós de mudança outra vez, a ansiedade pelo futuro incerto incomodava muito, a nós duas. Mas uma voz suave garantia que tudo ia dar certo, e vinha da passageira sentada ao nosso lado no avião: uma tia-avó da minha menina que abdicou da própria vida no Brasil para nos acompanhar do começo ao fim da jornada nova-iorquina. A rotina estava do avesso e de ponta-cabeça, de novo, mas o arroz com feijão no prato da minha menina estava garantido todos os dias, com uma porção gigantesca e impagável de afeto. Sem essa paz, simplesmente não teria sido possível.

Aterrissei em Nova York com a notícia da morte do cantor Michael Jackson. Mal deu tempo de pisar em Manhattan e já estava em Los Angeles para duas semanas de cobertura extensa, com catorze, dezesseis horas diárias de gravações e entradas ao vivo. Não demorei a descobrir que a decisão da mudança para Nova York me levaria a uma agenda extenuante de trabalho, na maioria da vezes distante do glamour que a cidade e a função de correspondente internacional representam; e bem mais perto de uma calçada de Nova Jersey, rabiscando o texto no caderninho apoiado sobre a perna, com os dedos dos pés congelados, sem carro, sem internet e brigando pra trabalhar.

Havia perdido a função de apresentadora, mas não o contrato; financeiramente nossos planos para o tratamento dela estavam garantidos. Hoje sei que não pirei por ela. E não me deslumbrei por ela. Na sarjeta ou na bancada, na geladeira ou no calor das maiores coberturas, ela me deu a direção, me ensinou a diferenciar supérfluo de prioritário. Foi, ao mesmo tempo, meu melhor combustível e meu fio terra.

Após nosso voo de Brasília para São Paulo, havia surgido a conexão São Paulo-Nova York, e depois ainda haveria Londres. E haveria o sanduíche frio na escada.

Era o primeiro dia de aula. Tínhamos acabado de chegar. No Carnaval de 2012, deixamos o Brasil e desembarcamos num quarto apertado de hotel em frente ao Big Ben, no coração de Londres, que chamaríamos de casa pelos próximos seis meses. Na última segunda-feira do mês, minha menina entrou na escola nova, no subúrbio da cidade, a 45 minutos de metrô, com baldeação. Acompanhei só os primeiros quinze minutos da experiência, o tempo de um aperto de mão e uma conversa rápida com a diretora, e voei para as gravações de uma série especial sobre os preparativos para as Olimpíadas de 2012 que me tomariam inteiramente as próximas duas semanas.

Minha menina chegou à escola londrina aos catorze anos. Entrou numa classe onde todos já se conheciam pelo menos desde o outono passado, setembro, quando o ano letivo começa na Inglaterra. Mais uma vez era a forasteira que tinha que se virar sozinha. E se virou.

A noite dela terminou ao meu lado, dividindo um prato no restaurante do hotel. E com notícias boas.

A escola era muito grande, mas parecia legal. Foi tudo bem.

Ela me viu assoberbada com as gravações para a TV e me poupou de preocupações. E exigiu dela própria doses extras de perseverança. Só muitas semanas depois, quando nossa nova rotina começava a fluir, soube a verdade daquele primeiro dia.

Foi horrível. Com inglês fluente, acompanhar as aulas não era um problema. Mas encontrar um espaço para entrar num grupo já formado foi difícil. Não falou com quase ninguém no primeiro dia, se perdeu nos corredores da escola entre a troca de salas, teve vergonha de pedir ajuda, não achou o refeitório ou talvez não tenha tido vontade de entrar na hora do almoço, quando as turminhas já estavam tagarelando e comendo. Escolheu comer sentada, sozinha, numa escada vazia. Por sorte, havíamos roubado um sanduíche do café da manhã do hotel, para o caso de ela não gostar da comida da escola nova.

Quando ela me contou, semanas depois, imaginei minha menina engolindo pão, queijo e lágrimas. Sei que ela comeu engasgada. E sei que o desafio dela nem se compara a não ter Wi-Fi numa esquina em Nova Jersey.

Ela nunca se recusou a experimentar o novo. Pra acompanhar meus desafios profissionais, mudou de escola oito vezes da primeira infância até o ensino médio. Em todas as idas e vindas que a profissão de jornalista me exigia, minha menina sempre esteve ao meu lado, ainda que Índia e Zói-verde se oferecessem, amorosos e dedicados, pra cuidar dela por mim.

— Um ano só, passa rápido.

Recusava a oferta, quase ofendida.

— Vocês ficaram loucos? Não existe hipótese de eu me mudar de país sem que ela me acompanhe.

E ela me acompanhou em tudo. Toda mudança só era aceita se fosse possível conciliar com o tratamento dela, que não podia sofrer atrasos ou interrupções. Toda mudança exigia de mim uma renovação profissional e exigia dela uma adaptação ao novo, aos novos olhares estrangeiros.

Mas daquela vez o desafio era maior. Aos catorze, no auge da adolescência, deixou as amizades do Brasil pra mais uma vez me acompanhar. Perdeu a deliciosa fase da troca de confidências entre meninas, da construção da intimidade, da vaidade, das primeiras festas, da consolidação de vínculos. Perdeu o conforto de já estar entre iguais, pra mais uma vez ser a diferente numa sala de aula londrina. E já sabia que o esforço seria por apenas um semestre. Depois abriria mão da própria festa de quinze anos porque as últimas cirurgias já estavam agendadas no Brasil. A conexão seria Londres-bloco cirúrgico. Mas antes precisava enfrentar aquele inverno. O inverno de não ter lastro com ninguém da turma, de ter que se apresentar, se abrir, se mostrar, de mais uma vez encontrar forças dentro de si pra construir novas pontes.

Felizmente ela passou por esse inverno e também viveu uma primavera em Londres. Em algumas semanas, antes mesmo que o *fog* londrino desaparecesse, já esquadrinhava a cidade inteira. Notting Hill, Camden Town, Covent Garden... museus e mais museus. Um destino diferente a cada sexta-feira após as aulas, acompanhada de uma amiga. Um dia era a amiga finlandesa, outro, a italiana, outro, a francesa e quem mais quisesse se juntar. A perna direita, que já havia sido alongada duas vezes, já estava quase quatro centímetros mais curta. Em breve seria alongada novamente. Mas, de aparelho ortopédico e palmilha especial, ela gastou sola de sapato em Londres o quanto quis.

A profissão que escolhi me levou pra muitos cantos. Se tive que brigar pra trabalhar muitas vezes, também tive oportunidades que qualquer repórter pode almejar. Desde o voo de beija-flor, cobri as mais diversas histórias: um terremoto no Japão, o resgate histórico de 33 mineiros soterrados no Chile, príncipe e princesa se casando em Londres, eleições presidenciais aqui e lá fora. Entrevistei grandes ídolos, Michael Phelps, Usain Bolt. Estive em mais de 25 países, alguns que nem imaginava conhecer: Coreia do Sul, Egito, Israel.

E todos esses passos acabaram me levando de volta a uma bancada justamente quando eu precisava finalizar o tratamento da minha menina em São Paulo.

No dia em que ela enfrentou a última grande cirurgia de reconstrução e alongamento ósseo, eu deveria voltar a dizer "Olá, boa noite pra você!" em rede nacional; era a data marcada para o meu retorno ao comando do jornal. Impossível!

Na minha primeira temporada como âncora, cheguei a entregar minha filha para uma cirurgia de manhã e à noite já estava na bancada apresentando o jornal. Era jovem demais, ainda não sabia dizer não. Mas as andanças dos últimos anos haviam me ensinado muita coisa.

E na data marcada para a minha reestreia, disse não.

Meu coração seria exclusivamente dela. A TV concordou em adiar meu retorno para o dia seguinte à cirurgia, uma terça-feira, quando eu já iria saber que ela estava fora de perigo.

A razão da mudança para São Paulo — o tratamento ortopédico dela — entrava na reta final. Trabalhar na Record me deu a oportunidade de garantir à minha menina acesso ao melhor que a medicina podia nos oferecer no Brasil.

Serei eternamente grata por isso. E profissionalmente amadureci muito. Como repórter ou âncora, vi horrores e belezas, contei tragédias e glórias humanas. Vivi os melhores momentos da minha carreira até aqui e também as maiores tempestades.

Hoje, apenas me permito voltar a Nova York e a Londres; reviver aqueles dois invernos. A minha calçada gelada e a escada sombria dela. Separadas pelo calendário, por um oceano. Mas sempre estivemos juntas no desejo de fazer dar certo.

Dr. Marceneiro

O rosto dele denunciava todo o cansaço do dia. Trabalhou de pé, por quase dez horas, sem pausa para refeições, num ofício que exige plena concentração. Estava pálido, e a pele, suada. As olheiras eram profundas. O uniforme estava amassado e no quepe, ainda sobre a cabeça, havia duas pequenas manchas de sangue. Toda a exaustão que vi na expressão dele naqueles centésimos de segundo em que ficamos frente a frente, em silêncio, me trouxe uma sensação ruim, e temi que estivesse prestes a receber uma péssima notícia. A pior.

Já o conhecia havia sete anos. Mas aquela foi a primeira vez que o vi realmente abatido pelo esforço de um dia inteiro manuseando furadeiras, serras, pinos e bisturis. Foi a primeira vez que o vi pequeno, que enxerguei a estatura real que ele tem: 1,60 metro, apenas três centímetros a mais que eu. E ali, olho no olho, o homem que pra mim sempre será um gigante quebrou o silêncio.

— Acabou.

Acabou… Acabou…

A voz dele ecoava em mim, como se minha mente precisasse repetir a informação algumas dezenas de vezes pra acreditar. Como se cada molécula do meu corpo vibrasse com o som daquela voz, com a força da palavra que havia pronunciado.

Acabou. Acabou!

Me vejo ali, diante dele, recebendo a senha de um milagre.

Levo os joelhos ao chão e choro sobre os pés dele, e, quando ele estende as mãos e me levanta, eu o abraço com a mais profunda gratidão que conheço. Já naquela fusão sempre desconcertante de lágrimas e gargalhadas, começo a pular, agarro o braço dele e arranco o quepe da cabeça dele, o quepe com o sangue da minha menina, a melhor lembrança da maior vitória da nossa vida. Já não sou mais lágrimas. Sou apenas um gigantesco sorriso. E pulamos, pulamos e pulamos e gritamos, abraçados, diante de enfermeiras e auxiliares paralisadas com a cena, no entra e sai do bloco cirúrgico.

Faço tudo isso hoje, mentalmente, aos 48 anos. Tudo que não tive coragem de fazer naquela noite aos 40 anos, naquele final de março de 2013.

Não me joguei aos pés dele. Não pulamos abraçados pelos corredores do bloco cirúrgico, não gritamos juntos, nem tenho o quepe manchado de sangue. (E me arrependo muito de não ter pedido aquele quepe.) Mas, secretamente, minha alma fez tudo isso e faz de novo agora.

O único sinal de que uma revolução acontecia dentro de mim eram as lágrimas que escorriam pelo meu rosto enquanto ouvia as palavras seguintes.

— Fizemos tudo que era necessário. Construímos um novo calcanhar pra ela, fixamos o pé na melhor posição possível. Está pronto. Acabou. Ela não precisa mais de cirurgias corretivas.

Eu só conseguia processar duas informações: acabou e ela está viva!

Naquela noite provavelmente o meu rosto também denunciava uma exaustão; eu havia passado dez horas caminhando de um lado para o outro, rezando baixinho, pedindo que chegasse ao fim nossa jornada cirúrgica. Era a décima cirurgia dela. E minha alma carregava outro tipo de cansaço; de quem esperou quinze anos por uma só palavra.

Acabou!

Por quinze anos assinei formulários hospitalares em que assumi um risco: a morte. Li, de verdade, só o primeiro, em janeiro de 1998, quando o texto eufêmico e protocolar me avisava que procedimentos cirúrgicos complexos, com uso prolongado de anestesia geral, podem levar a diversas complicações, inclusive ao óbito do paciente.

Ela tinha só três meses quando enxerguei, assumi o risco e temi a morte. Todos os outros formulários, pelos quinze anos seguintes, assinei praticamente de olhos fechados, como se menosprezar o risco o tornasse mais fraco, o fizesse menos provável. Emocionalmente fez.

Por dez vezes me despedi da minha menina na porta do bloco cirúrgico implorando ao universo que não fosse nosso último momento juntas. E por dez vezes agradeci a bênção de recebê-la de volta, dez vezes vendo a minha menina enfrentar bravamente as dores pós-bisturi, a morfina, os pinos com feridas expostas na perna, os penosos tratamentos de alongamento ósseo, meses e meses de cadeira de rodas e muletas, sempre com uma serenidade impressionante. Por quinze anos ocultei meus medos e minhas dores, engoli o choro na frente dela, escondi que tinha náuseas e tonturas que quase me derrubavam, escondi minha fraqueza porque, por muito tempo, achei que quanto mais forte me mostrasse, mais fácil seria pra ela. Enxerguei compreensão e bravura nos olhos dela, ainda bebê. E só podia tentar entregar a mãe mais forte e calma que houvesse dentro de mim. Travei uma árdua luta para encontrar essa mãe e encontrei! Nos tornamos uma o espelho da outra. Nossa coragem e força refletidas nos uniam e alimentavam, nos moviam.

E naquela tarde estávamos perto do fim, da cirurgia definitiva, poderia ser a última de correção óssea, mas pra isso ele precisaria cortar o pé direito da minha filha em três pedaços, desafiar a natureza daquele corpo e reposicionar os ossos partidos em novos ângulos, e obrigá-los a se fixar assim, em um novo formato, à força de muitos pinos de titânio. Havia apenas quatro meses que ela enfrentara o último procedimento. A perna direita havia sido cortada ao meio e alongada mais cinco centímetros, alcançando um total de quase quinze centímetros de alongamento ósseo em sete anos de cirurgias delicadas, mas agora o pé era o maior desafio.

Ele precisaria inventar um calcanhar para a minha menina, sem romper tendões, sem cortar as veias. Ele fez isso em dez horas. Não me pergunte como. Por mais que eu leia e por mais que ele desenhe pra mim (o que fez, de fato, algumas vezes), jamais conseguirei absorver toda a complexidade desse ofício, que ele resume em poucas palavras.

— Se não fosse ortopedista, seria marceneiro. Gosto de inventar umas coisinhas.

Em sete anos de convívio, do pouco que falou sobre si próprio, revelou a existência de uma bancada de marceneiro nos fundos da casa onde morava. Bastou essa informação pra transformá-lo para sempre em meu Gepeto.

Por muitas vezes imaginei aquele homem baixinho, de corpo levemente atarracado, debruçado sobre aquela bancada, cortando e lixando pedaços de madeira. Uma luz fraca e amarelada no teto exigia esforço extra dos olhos à medida que a noite engolia a tarde de um sábado de folga das macas. A marcenaria era um hobby, mas a ortopedia, não. E isso explicava a destreza e precisão dos gestos mesmo naquele lusco-fusco.

Das mãos dele não saíam criados, mesas e banquinhos amadores. Saía uma Pinóquia, a minha, com pernas ágeis, do mesmo tamanho, pés bem encaixados, passos equilibrados. Ela já nascia pulando, correndo em direção ao jardim em busca de alguma diversão e sem o inconveniente do nariz que cresce. Daquela oficina só nasciam soluções.

Pois no dia 25 de março de 2013, meu dr. Gepeto fez o caminho inverso: trocou a luz amarela da bancada de marceneiro no fundo do quintal pela luz branca e fria de um bloco cirúrgico, debruçado sobre uma maca. E naquelas dez horas ele inventou o pé direito da minha menina, e a mãe que chegou diante dele exaurida de medo só conseguiu chorar e agradecer baixinho.

— Muito obrigada.

Só. Só isso. Foi tudo que disse, a emoção não me deixou falar nem fazer mais nada. Embora soubesse o quanto aquela vitória era graças a ele, graças à dedicação, ao conhecimento e ao talento dele, por maior que fosse o meu desejo de agradecer e festejar, só restava um fiapo de energia em mim pra correr e abraçar minha menina.

De touca e túnica, entrei no bloco cirúrgico pela primeira vez. Todas as outras vezes tive que esperá-la do lado de fora.

Mas naquela noite fui autorizada a entrar, vi a minha menina saindo de maca, ainda grogue. E, pela primeira vez, vi nas mãos do anestesista uma bandeja com umas vinte caixinhas de tarja preta empilhadas. Era a montanha de remédios que ela havia tomado nas últimas dez horas.

— Tá tudo bem?

— Pra quem tomou tudo isso aqui, ela está ótima.

Olhei aquela bandeja com um breve pânico e o alívio de quem sabe que já enxerga o passado.

Acabou!

No guichê central do bloco cirúrgico, havia uma papelada à espera da equipe médica. De olhos fechados, ouvia o burburinho do ambiente; apenas com a boca colada à testa da minha menina, sentia a respiração dela serena e o suor exalando um cheiro forte de remédios, e imaginava que naquele instante, lá fora, ele assinava o último formulário, atestava a conclusão do tratamento, o sucesso da jornada.

Devo a ele o pé direito dela. Devo a ele a perna direita ter o mesmo tamanho da esquerda. Devo a ele a paz que sinto quando a vejo dar um passo depois do outro, equilibrada. Devo a ele a alegria que me invade quando ela abre a porta de casa e diz: "voltei de metrô!", como se fosse algo trivial. Devo a ele o fato de correr, dançar, andar de bicicleta serem coisas bem triviais pra ela hoje.

Não há muito obrigada suficiente. Não há palavra capaz de explicar o quanto ele fez por nós e expressar o quanto sou grata.

Meu gigante de 1,60 metro, meu segundo anjo de jaleco. Meu doutor marceneiro.

Naquela noite ele não me abraçou, não pulou nem gritou junto comigo pelos corredores, mas hoje volto ao bloco cirúrgico e tenho absoluta certeza de que ele sentiu a mesma vontade que eu senti.

Sei o quanto se empenhou para realizar nosso milagre pessoal. Sei o quanto se esforçou para tratar e curar a minha menina, a Maricota dele.

Foi assim que chamou a baixinha de óculos que entrou pela primeira vez no consultório dele aos oito anos; doutor experiente com centenas de cirurgias bem-sucedidas no currículo, mas ela seria apenas a sexta paciente em quem iria utilizar uma técnica que ele havia acabado de desenvolver. A menina da perna direita curta, da coluna torta pela diferença entre as pernas, a menina dos passos titubeantes, do calcanhar inexistente entrou quase como uma cobaia e, seis cirurgias depois, saiu caminhando, segura, aos dezesseis anos.

Depois que todas as hastes e suturas do último procedimento foram retiradas, depois de todas as feridas cicatrizadas, voltamos ao consultório. E como fez todas as vezes em que estivemos ali, não se contentou apenas com as informações das radiografias e tomografias, examinou com as mãos minuciosamente cada curva da perna e do pé dela, alisou cada centímetro da pele e dos ossos, como se tocasse uma peça de madeira recém-entalhada, como se enxergasse melhor com a ponta dos dedos do que com os olhos. Da minha cadeira, observando no canto da sala, via o doutor experiente e via o meu Gepeto juntos, a mesma pessoa. E vi na expressão dele o sorriso discreto de quem sabe o êxito que teve.

Ela se levantou da maca e ficou de pé. A menina que mal passava da cintura dele quando chegou para a primeira consulta agora conseguia olhar nos olhos dele. Lembro de achar divertida a cena de dois baixinhos conversando e jamais esquecerei das últimas palavras que ele disse a ela, emocionado.

— Vou te dar alta, Maricota! Muito obrigado. Você foi uma ótima paciente.

Só os gigantes fazem isso.

Conferência de anjos

Era junho de 2006 quando o telefone de casa tocou. Naquele tempo telefones fixos resistiam bravamente.
— Ela já operou?
— Não, ainda não. Está marcado para as férias de julho.
— Você precisa repensar.
A voz do outro lado da linha tinha um quê de alívio por ter me encontrado a tempo de tentar mudar minha rota. Havia um caminho novo, uma nova forma de alongar ossos, menos sofrida, com uma recuperação mais fácil. Tinha um quê de ansiedade pra me contar tudo o que ele recém descobrira num congresso de ortopedia; havia um médico em São Paulo que tinha desenvolvido um método diferente para fazer as cirurgias que a minha menina precisava. E eu tinha que escutá-lo antes de tomar uma decisão.
O médico que eu ainda viria a conhecer um dia seria o meu dr. Marceneiro, o Gepeto da minha menina. E o médico que falava comigo naquele instante, que buscou meu número novo de São Paulo no serviço 102 de auxílio telefônico, e não sossegou até me encontrar, esse eu já conhecia havia

bastante tempo. Ouvi aquela voz ao telefone pela primeira vez ainda grávida e o conheci quando a minha menina tinha apenas sete dias.

Em nossa vida, só existiu um dr. Marceneiro porque antes existiu ele. Nosso primeiro anjo de jaleco. A voz que sempre ouvi como se escuta a um pai.

O saguão

Era outubro de 1997 quando atravessei pela primeira vez o saguão daquele hospital como mãe de uma paciente com problemas ortopédicos considerados severos.

Saímos da maternidade para o consultório do ortopedista, sem escalas. Minha menina tinha sete dias de vida, sete dedos nos pés e sete dedos nas mãos, o pé esquerdo era torto e a perna direita, arqueada, bem curvada pra frente, e o pé direito, pequeno, suspenso e colado na panturrilha. Naquele dia ela deixou o hospital com as duas pernas engessadas. Eu saí com a verdade, sem nenhuma promessa de uma solução definitiva para o caso. Mas saí com o remédio que mais precisava naquele instante: esperança.

Voltei àquele saguão dezesseis anos depois.

Era dezembro de 2013 quando cruzei a sala ampla e fria. O vento fresco era o mesmo que senti da primeira vez; soprava da serra do Curral, logo atrás do prédio, e atravessava todo o saguão até chegar à ala dos consultórios ao fundo. Eu me esforçava pra demonstrar tranquilidade. Levava uma caixa de bombons e um troféu pra exibir: minha menina, de mãos dadas comigo, caminhando leve, segura, equilibrada e calma. E eu, com o coração a galope.

Seria uma visita surpresa de Natal. Eu me lembrava de cada detalhe da fisionomia dele. Ela, muito pouco, afinal, na última consulta era uma criança de oito anos e, agora, uma adolescente de dezesseis, se preparando para o vestibular de medicina.

Sem hora marcada, esperamos do lado de fora do consultório, misturadas aos pacientes daquela tarde. Quando ele abriu a porta e correu os olhos pela fileira de cadeiras à frente, o rosto dele se iluminou ao encontrar o olhar da minha menina.

A visitinha virou uma hora de consulta não programada; ele queria ver os pés, as pernas, examinou a minha menina encantado, emocionado. E me disse que acabara de ganhar o melhor presente de Natal que poderia receber.

Adivinha?

— Obrigada. Muito obrigada. — Saiu bem baixinho, foi só o que eu disse. Pra não chorar até babar no ombro do jaleco dele, dei um abraço rápido e saí engolindo os soluços atrás dos óculos escuros, envergonhada, sem conseguir expressar um milésimo do que carrego no meu coração e tentarei escrever agora.

Dr. Walmor Chagas

Sobre a cabeça, uma cabeleira farta e branca, muito branca, como se pairasse ali em cima uma nuvem, num voo permanente sobre os pensamentos dele. O contraste com a cor da pele bronzeada era marcante. E os olhos, um era azul e o outro, verde.

Olhei mais uma vez pra ter certeza; aquele detalhe garantia a ele certo mimetismo, um aspecto enigmático, e provocou em mim um leve estranhamento. Mas o sorriso acolhedor e o vozeirão forte, e também macio, me trouxeram à realidade.

Era o nome da minha menina que ele chamava.

Era nossa primeira vez num corredor cheio de pacientes em busca de solução ou alívio para alguma doença ou dor no próprio esqueleto. Havia uma preocupação latente no ar e nas expressões que via ao nosso redor. Havia pernas e braços quebrados, pinos expostos, caras de dor e também de resiliência. Havia crianças e adultos, casos simples e também muito graves. Havia corpos ainda jovens aprisionados em cadeiras de rodas para sempre, retorcidos, enrijecidos, quase congelados por lesões cerebrais graves, mas que buscavam naquele consultório, com o dr. Cabelos de Algodão, alguma mínima melhora, algum pequeno ganho de movimento ou conforto para seguir vivendo. E havia mães, quase sempre apenas as mães, com expressões cansadas, exaustas talvez, mas não me lembro de ter visto nenhuma com expressão derrotada. Ao contrário, vi mães olhando seus filhos quase congelados nos olhos, sorrindo e conversando com eles, num diálogo cujas respostas muitas vezes eram meros grunhidos. Senti, naqueles breves momentos do nosso primeiro dia em um hospital ortopédico, que o caso da minha menina era o caminho do meio, nem tão simples, nem tão grave. E entendi que aprenderia muito apenas observando a fila dos pacientes e suas acompanhantes.

Minha menina era a próxima paciente.

Se a aparência do doutor à minha frente era completamente nova pra mim e me fazia pensar todo o tempo que estava diante do ator Walmor Chagas, a voz já era familiar. Foi a voz dele que ouvi quando a minha menina ainda me dava chutes na barriga e me preocupava muito a cada nova imagem que aparecia nos exames de ultrassom.

Ele entrou na nossa vida de maneira inesperada (prefiro não falar em acasos). Como já contei aqui, a indicação veio de um especialista em coluna que eu havia entrevistado para o *Jornal Nacional*, no dia do primeiro ultrassom que sinalizou problemas no desenvolvimento ósseo da minha menina. Meu entrevistado daquela tarde me deu o nome e o telefone do ortopedista que eu deveria procurar, um dos mais experientes da capital mineira para casos de deformidades ósseas congênitas das mais graves. Poderia ajudar minha menina, com certeza, dizia o colega que o indicava. Me agarrei àquelas palavras sem pensar duas vezes.

Antes de ajudar a minha menina, cuidou de mim. Sem me conhecer nem cobrar honorários, me acolheu em telefonemas mensais, por vezes quinzenais, em conversas sempre didáticas e reconfortantes. Algumas vezes ouviu minha voz trêmula e insegura ao ler o resultado do ultrassom, conheceu meu choro antes de me conhecer. Não havia um diagnóstico possível antes de ter a minha menina nas mãos. Mas ouvi-lo dizer que casos de deformidades graves poderiam ter grandes melhoras com o avanço das técnicas de cirurgia me dava um alento. Ouvi-lo dizer que iria cuidar da minha menina me dava paz. A paz que agora também vinha da cabeleira farta e branca sobre o jaleco branco. A voz que me acolheu agora tinha um rosto.

Com doze horas de vida, minha menina foi examinada na maternidade por um médico enviado por ele. Descobri que naquele exato instante meu futuro dr. Walmor estava em ação no bloco cirúrgico. Mais tarde viria a entender que a agenda de cirurgias era cheia — muitas delas fazia sem cobrar nada, para melhorar a vida das crianças com paralisia cerebral, de famílias carentes e sem plano de saúde, que eu veria por anos seguidos pelo corredor do hospital.

Com sete dias de vida, entreguei minha menina nos braços dele. O que ouvi não aliviava minha angústia, mas a forma como ele dizia, sereno e seguro, sim.

— Ela tem hemimelia fibular, uma má-formação congênita, rara e grave, e vai precisar de muitas cirurgias.

— Quantas?

Só o corpo dela e o tempo nos traziam as respostas. Ele poderia fazer apenas as primeiras intervenções; liberar tendões enrijecidos, reposicionar melhor os ossos dela para facilitar o crescimento. Seria uma primeira batalha para tentar fazê-la andar antes dos dois anos de idade. Depois precisaríamos procurar tratamento em São Paulo ou fora do Brasil para alongar os ossos. No sétimo dia dela, soube que nossa vida sairia de Minas pra outra parte do mundo. Minha cabeça voou longe, tentando imaginar onde iríamos aterrissar. Mas não havia tempo pra isso, não agora. Era preciso pensar no passo seguinte: a primeira cirurgia não poderia passar dos três meses. Com dois quilos, ela só precisava ganhar um pouco de peso pra enfrentar a primeira anestesia geral.

Seria uma longa jornada para fazê-la caminhar.

— Já vi casos tão ou mais complexos que o dela e essas crianças andam. Podem mancar, usam aparelhos ortopédicos, podem não ter passos firmes como os de uma criança que nasce sem deformidade, mas podem andar. Vamos fazer o máximo para ajudá-la.

Eu, uma perfeccionista por vezes obcecada, me acalmei. Buscar o máximo possível era um plano bom. Estava na linha de partida, longe do fim, mas ele me deu ânimo para a maratona. A grávida angustiada e aflita, mais rapidamente do que poderia imaginar, cedeu lugar a uma menina-mãe com energia pra correr.

E começava a maratona da troca de gesso. Foi das mãos dele que passei a receber minha menina com as duas pernas engessadas a cada semana. O gesso era uma tentativa de domar os ossos retorcidos, enquanto ela não estivesse pronta para o bisturi. Serviria como uma espécie de guia, pra dar uma direção, pra que os ossos crescessem mais alinhados ou, pelo menos, sem entortar ainda mais.

Não é da primeira mamada nem da primeira fralda que guardo a lembrança mais forte do nosso começo juntas, mas do primeiro gesso. Nossas consultas eram sempre às segundas-feiras. Aos domingos, tinha que tirar o gesso em casa, deixar a pele dela respirar para que, na manhã seguinte, as duas pernas fossem apertadas e moldadas outra vez, à força de uma nova forma de gesso. Lembro de suar até a camiseta grudar no corpo. Com um estilete nas mãos, as perninhas dela mergulhadas num caneco de cozinha com água morna, levava mais de uma hora até conseguir abrir e retirar cuidadosamente a botinha de gesso de cada perna, tremendo de medo de cortar a pele fina e branca. Uma rotina que se repetiu por três meses e que se tornava mais simples a cada semana, até que manusear um estilete pareceu tão trivial como trocar fraldas.

E depois vinha o êxtase do banho, o único da semana com as pernas livres, sentindo a água morna na banheira no meio do quarto. E, mais tarde, sei que ela percebia o meu contentamento quando, após vencermos os moldes de gesso, duas meninas entravam juntas debaixo do chuveiro, leves como se a água tivesse o poder de lavar tudo, até os medos. No meio de um turbilhão de emoções que eu vivia, a montanha-russa do puerpério, a febre da amamentação, a perda do leite que os médicos secaram com hormônios pra que eu tivesse forças pra dirigir e levá-la semanalmente ao hospital; no meio de toda a ansiedade pelo tratamento que teríamos que enfrentar juntas, relembro feliz que vivemos aqueles banhos. A minha menina dava bicotas com as gotinhas que sugava do meu ombro. E eu fechava os olhos, a segurava firme junto ao meu corpo, sentia a água do chuveiro escorrer pelas minhas costas e apenas sorria, um sorriso que me escapava por todos os poros.

E na segunda-feira estávamos prontas para a próxima consulta e o próximo gesso.

Naquele consultório, antes de tudo, recebemos dele sinceridade. As técnicas de cirurgia que tinha a oferecer poderiam trazer um bom resultado, mas não eram as mais modernas. Foi dele que ouvi, antes da primeira cirurgia, que havia outro caminho, um médico americano com uma técnica inovadora que poderia reduzir o número de operações e ser bem mais eficiente. Fui atrás usando o computador e o vocabulário emprestados do meu professor de inglês. Nas letras miúdas de uma geringonça com acesso discado, levei algumas semanas pra descobrir que o tal tratamento custaria, de partida, 100 mil dólares. Não tinha nem mil. E ainda teria que largar meu trabalho pra viver nos Estados Unidos por pelo menos seis meses.

O plano do nosso primeiro anjo de jaleco não era apenas um plano bom, era também o único possível.

Foi dele que ouvi um não definitivo quando pedi para acompanhar a primeira cirurgia segurando a mão da minha menina. Não, eu não poderia entrar no bloco cirúrgico, sob nenhuma hipótese. Argumentei, implorei.

— Não! Cirurgias ortopédicas são agressivas demais. Usamos torniquete, serra elétrica, furadeira, sangra demais. Mães atrapalham mais do que ajudam.

Levei um diário para a sala de espera. Imaginei que durante três ou quatro horas escreveria páginas e mais páginas... Não escrevi nem três parágrafos. Por total falta de palavras e excesso de preocupação. Me manter respirando e rezando já sugava toda a energia que havia dentro de mim.

Foi ao lado dele que engoli o vômito e me agarrei às paredes da sala de curativos pra não desmaiar. Após a segunda cirurgia na perna direita, fui avisada de que havia um fio metálico lá dentro do osso da minha menina, que percorria todo o interior da tíbia e saía pela planta do pé, pra fora da pele, mas que agora estava escondido sob o gesso e seria retirado dentro de alguns meses após a completa cicatrização. Imaginei um fio bem fininho, como uma linha, dourado e indolor para retirar.

Era um fio prata, fosco, idêntico em aparência e espessura ao arame de um varal de roupas. Quando o gesso foi retirado, enxerguei só a ponta do fio metálico rasgando a pele, saindo do pé, em forma de um gancho. Segurei minha menina pelas axilas, pressionei as costas dela contra a maca para que não se movesse, enquanto o médico segurava a perna. E, com um alicate na mão, puxou o fio de uma só vez, sem anestesia. Ela soltou um grito; eu saí cambaleando até a cadeira mais próxima, de onde percebi que o choro durou poucos segundos. Havia mais susto que dor.

Em segundos, ela estava tranquila como se aquele fio nunca houvesse existido. Eu tremia e tentava parir uma mãe forte, mas, decididamente, nunca poderia assistir a uma cirurgia ortopédica. E nunca assisti. Nem quando um tal de YouTube passou a nos permitir essa e outras possibilidades. Nunca ousei.

Foi dele que recebi consolo quando descobrimos que o pé esquerdo, aparentemente o mais simples, tinha vários ossos fundidos; ela não teria todos os movimentos do pé como esperado.

No rosto dele vi, após as primeiras cirurgias, algumas rugas de preocupação, quando não sabíamos se o máximo ao nosso alcance seria o bastante pra ela. Mas ele apenas repetia: estamos indo bem.

Foi dele que recebi incentivo para operar a mão direita da minha menina, pra fixar os dedos um de frente para o outro, garantindo a ela o movimento de pinça.

— Isso pode mudar a vida dela — dizia, sem imaginar que um dia minha menina poderia manusear um bisturi na mão que ele sugeriu reconstruir.

Foi ele que um dia se antecipou às minhas perguntas e me surpreendeu com um comentário no meio de uma consulta.

— As pessoas com diferenças físicas são muitos felizes porque encontram companhias extraordinárias, capazes de amar pela essência e não apenas pela forma física.

Ele me enxergava, sabia de aflições que estavam dentro de mim, antes mesmo que eu tivesse coragem de transformá-las em palavras. E naquele dia apenas balancei a cabeça silenciosamente. Ele sabia o que se passava no meu coração. Não há mãe de uma criança com alguma diferença física, neurológica ou intelectual que não se preocupe com o futuro, com a aceitação e a inserção de seu filho na vida social. Naquele instante, com apenas uma breve frase, ele amenizava minhas ansiedades.

Foi junto dele que comemorei quando a minha menina se adiantou às expectativas e caminhou pela primeira vez depois de três cirurgias, usando um aparelho ortopédico até a virilha direita e outro até o joelho esquerdo, com apenas um ano e três meses. De repente, com aquelas engenhocas de metal e resina presas às pernas, um... dois... três passinhos meio robóticos, cambaleantes, de braços abertos na minha direção, sorrindo pra receber um abraço. Que abraço inesquecível, de uma vitória que chegou antes do esperado.

Na consulta seguinte, entrei com ela no colo, minha pequena cúmplice de uma surpresa. Quando abrimos a porta, a coloquei no chão e ela caminhou para o abraço dele. Nosso máximo possível fez a minha menina andar nove meses antes do previsto.

Estava exultante, celebrando. Ainda assim, a perfeccionista que morava dentro de mim, bombardeada por muitos conselhos, resolveu que a voz dele não poderia ser a única voz, a única opinião. Busquei uma segunda voz, e o eco do que escutei reverberou por quase duas décadas em meu coração.

A carta

Era 4 de novembro de 2015 quando o jornal *Folha de S.Paulo* publicou uma carta de minha autoria, uma carta aberta a um médico que examinou a minha menina aos quinze meses de vida.

Na época, havia procurado um hospital de referência no Brasil, gratuito, e o fazia pelo simples fato de que parecia negligência da minha parte não analisar outras opções de tratamento para a minha menina, sobretudo porque o hospital em questão ficava na nossa cidade. Após alguns meses na fila, encontrei um médico cujo nome a minha memória apagou, mas, dezoito anos depois, ainda preservava acesas e ardendo as palavras que ele me disse.

Palavras que me motivaram a escrever uma carta, em 6 de outubro de 2015, dia do aniversário de dezoito anos da minha menina, numa terça-feira, tomando uma taça de um vinho chileno chamado Punto Final que havia sobrado da comemoração de sábado. A carta que, de alguma forma, foi o ponto de partida, o começo do meu processo de expurgar mágoas, dores, pavores e me libertar do medo. A carta que escrevi numa sentada só, chorando, em pouco mais de uma hora, porque ela simplesmente estava explodindo dentro de mim.

Carta ao médico que nunca enxergou minha filha de verdade

Escrevo para exorcizar um medo que nos últimos dezoito anos me acompanhou.

Escrevo para um médico que não sei o nome, não sei por onde anda, mas que fez parte do dia mais longo da minha vida.

Minha filha, Giovanna, tinha um ano e meio. Já havia enfrentado três cirurgias e andava com ajuda de um aparelho ortopédico — uma engrenagem de plástico e metal que começava no pé e só terminava na virilha e deixava aquele pedacinho de gente com um ar de robocop, com passos meio desengonçados.

Mas ela seguia atrás de uma bola e sorria, como qualquer criança. E isso era uma conquista enorme pra quem nasceu com uma das pernas muito deformada devido a um problema congênito, a hemimelia fibular, a ausência de um osso que compromete o desenvolvimento e crescimento do membro mais afetado, no caso dela, a perna direita.

Essa era a perna complicada. Não tinha a fíbula, era encurtada, arqueada para a frente. O pé direito tem apenas três dedos. Ao nascer, o calcanhar era suspenso, colado na perna, sem nenhum apoio no chão.

Era difícil enxergar um pé ali.

Ela já tinha melhorado um pouco após as primeiras cirurgias, quando busquei ajuda num hospital de referência de Belo Horizonte.

Giovanna caminhava cambaleando, mas caminhava.

Foi assim que o médico a quem escrevo examinou a minha filha no começo de 1999, quando finalmente consegui uma vaga.

O ortopedista jovem, cujo nome apaguei da minha memória, olhou aquela criança caminhando na frente dele por alguns minutos e disse:

— Melhor amputar.

Só me lembro dessas palavras e da sensação de desmaio que percorreu o meu corpo dos pés à cabeça. Respirei fundo pra não cair.

Precisava ouvir de novo, pra ter certeza de que não se tratava de um engano.

— Mãe — dizia ele —, quantas cirurgias ela já fez em um ano e meio?

— Três — respondi.

— Quantas cirurgias mais você imagina que ela irá fazer, mãe?

Fiquei em silêncio.

— Vai ser assim — ele prosseguiu. — Passa um ano, uma cirurgia. Outro ano, outra cirurgia. Ela cresce mais um pouco e volta para o bloco cirúrgico. Risco demais. Sofrimento demais. Não vale a pena. Melhor amputar.

A Giovanna continuava atrás da bola, sem nada perceber. E eu, atrás de uma luz, de algo em que pudesse me agarrar.

E aí veio um número na minha mente: 18.

Tinha poucas forças e poucas palavras pra dizer a ele. Mas disse.

— Ela está andando com as próprias pernas, com os próprios pés. Você não está vendo?

E dei a minha decisão de mãe, assim, com a perna bamba, o coração disparado e o choro por um fio.

— O dia que ela fizer dezoito anos, se ela quiser amputar o pé, ela vem aqui, te procura e autoriza a amputação.

Saí do hospital aos prantos. Eu me lembro de uma funcionária tentar me acalmar. De chorar ao volante a caminho de casa, já atrasada para o trabalho.

Almocei pizza às pressas e corri para a redação, onde uma pauta me esperava. Na época era repórter do *Jornal Nacional*.

Um dia que parecia interminável... Mas ele terminou.

Aquele dia de 1999 terminou em 6 de outubro de 2015, o dia em que a minha filha completou dezoito anos.

Os dezoito anos da Giovanna chegaram.

Ela continua baixinha, o que a faz parecer mais uma adolescente do que uma quase adulta.

Ela já não tem aparelhos nas pernas. Tem cicatrizes. Muitas.

O doutor tinha razão em algumas coisas. Foram muitas cirurgias. Dez no total.

Foram muitos meses com a perna e o pé engessados, muitos meses de cadeira de rodas, de muletas, muitas dores, muita morfina e muito medo.

E as palavras daquele médico só fizeram agigantar o medo dentro de mim. Um pavor que quase me paralisou. Quase...

Todas as vezes que levei a minha filha para uma cirurgia corretiva, todas as vezes que assinei os formulários hospitalares consentindo os procedimentos e reconhecendo os riscos de uma anestesia geral e de horas e horas sedada num bloco cirúrgico, em todos esses momentos, em dezoito anos eu me lembrei das palavras daquele médico.

Todas as vezes pensei: e se ele estiver certo? E se eu me despedir dela na porta do bloco cirúrgico e nunca mais a reencontrar viva?

E se tiver qualquer complicação, qualquer infecção, e o resultado for mesmo a perna amputada?

As palavras dele doeram profundamente em mim.

E todas as vezes pensei em desistir.

Mas não desisti. Graças a ela.

A cada cirurgia, quando eu me debatia em dúvidas, olhava pra Giovanna e via paz, tranquilidade, uma menina forte para enfrentar tudo que vinha pela frente.

Via uma menina que mesmo quando tinha dores, quando estava cheia de pinos nas pernas, alongadores e uma coleção de cicatrizes, seguia pelo mundo com um sorriso de esperança no rosto. Via a menina que aquele médico não enxergou e nem fez tempo pra isso.

Aos oito anos ela já não cambaleava mais atrás da bola.

Andava, cada vez com mais segurança, me seguindo pelo mundo: Minas/Brasília/São Paulo/Nova York/Londres/São Paulo.

Nas minhas conexões como jornalista, mudei de trabalho e vim para a Record. Mudamos de cidade e de país algumas vezes, mas sem nunca abandonar o roteiro de cirurgias e tratamentos, que tinham idade, hora certa pra acontecer.

Descobrimos que para o tratamento de deformidades congênitas não há concordância sobre qual a melhor conduta. São muitas possibilidades. E seguimos a linha da ortopedia que defende que o pior membro é melhor do que uma perna mecânica (prótese), desde que haja possibilidade de correção para dar ao paciente funcionalidade.

E a Giovanna estava nesse caso. Por mais que aquele pé direito à primeira vista pudesse parecer irremediável, ele tinha ossos e estruturas que podiam ser aperfeiçoados. A perna direita também.

Decidi dar à minha filha a chance de caminhar com a própria perna, de sentir a própria pele, os nervos, ossos e tendões que nasceram com ela.

Assim, a cada dez ou quinze centímetros que a Giovanna crescia, tinha que voltar para o hospital. A perna direita dela não crescia no mesmo ritmo e tinha que ser alongada.

E assim foram dez cirurgias. Até que a fase de crescimento chegasse ao fim e as últimas correções pudessem ser feitas.

Só numa das cirurgias, durante o primeiro grande alongamento, quando ela ainda não conhecia as dores de ter na perna pinos externos pra girar a cada seis horas e forçar um crescimento do osso, vi minha filha se desesperar.

Ainda internada, no auge da dor, quando faltavam longos trinta minutos para a próxima dose de morfina, ouvi minha filha dizer assim:

— Por que comigo? Por quê? O que eu fiz pra merecer isso?

Saí pelo corredor aos prantos por não ter as respostas e mais ainda pela impotência de não poder arrancar dela aquela dor que massacrava quem eu mais amava.

Implorei pela morfina antes do tempo e, enquanto ela adormecia instantaneamente ao pingar das primeiras gotas na veia, mais uma vez repensei se valia a pena seguir com as cirurgias.

Chorei, rezei, umas tantas vezes pensei na possibilidade da amputação. Mas me acalmei e mantive a decisão de avançar no tratamento.

Nas cirurgias seguintes de alongamento ósseo, a dor extrema não se repetiu.

Era como se o corpo dela já estivesse calejado para aquele tipo de dor. Ela já conhecia e vencia aquele terror.

Isso aos doze anos de idade.

O que vinha depois, gesso, cadeira de rodas, muletas... tudo era leve demais perto das horas de pavor que eu vivia na porta do bloco cirúrgico e que ela vivia nas primeiras 24 horas do pós-operatório.

Seguimos lutando contra o medo.

Para comemorar o aniversário dela, fiz homenagens de mãe apaixonada, dei presentes, fiz festa.

Mas essa data não se completaria se eu não escrevesse esse texto.

Na verdade, aquele dia de palavras duras e ditas secamente só termina mesmo hoje.

Quando eu penso pela última vez naquele médico.

Minha filha não vai voltar ao consultório dele e autorizar a cirurgia de amputação.

Hoje ela tem as pernas do mesmo tamanho, o calcanhar quase todo apoiado no chão. Tem dificuldades para usar salto alto, mas já não precisa de nenhum aparelho ortopédico na perna.

E não precisa de mais cirurgias. Usa tênis quase todo o tempo, anda, corre, faz ginástica, nada, estuda, viaja, pega metrô, sai com as amigas...

E aos dezoito se prepara para o vestibular de medicina. Ortopedista, ela diz que não deve ser. Mas não sabe ainda qual especialização seguir. Cedo demais pra quem tem só dezoito anos.

Pra mim não importa. Ela tem direito a mudar de ideia quantas vezes quiser. Mudar de profissão, inclusive, se em algum momento achar que não é a medicina o caminho.

Mas se for... sei que vai nascer de dentro dessa garota uma médica de verdade.

Capaz de olhar o paciente por completo.

Capaz de entender as dores do corpo, mas também da alma.

Capaz de saber que as palavras curtas, duras e secas de um breve diagnóstico podem machucar profundamente. Podem deixar cicatrizes difíceis de apagar.

Capaz de entender que ser médico não é apenas dominar a teoria científica.

É também ser capaz de se colocar no lugar do outro, com isenção, com ética, mas também com respeito e um mínimo de compaixão.

Porque pacientes são pessoas, não números.

Capaz de entender que o tratamento que mais lhe parecer correto pode e deve ser reconsiderado caso a caso, paciente por paciente.

Porque pessoas têm histórias, medos, desejos, dúvidas, e não só uma série de sintomas ou anomalias.

Pessoas como a minha filha precisam da sabedoria médica, do bisturi, mas também do afeto que tanta falta fez naquele dia.

Aquele médico pode até hoje acreditar que a amputação é o melhor caminho.

Como mãe da Giovanna, me permito questionar e acreditar que muitas amputações em casos semelhantes poderiam ser evitadas.

Aquele médico poderia ter feito a mesma proposta de tratamento. Mas com uma dose de generosidade.

Um tratamento humanizado não é pedir demais, é?

Felizmente a Giovanna teve dois grandes médicos que lutaram por ela.

Que acreditaram todo o tempo que era possível dar a ela a melhor condição física pra que ela alcançasse a independência que tem hoje.

Ela venceu e tem nesses dois grandes médicos enormes fontes de inspiração pra quando e se um dia chegar a vez dela de vestir o jaleco branco.

Mas esse já é assunto para outro texto.

Por ora, quero apenas que ela sorria pra vida e pra sua infinidade de sonhos, oportunidades e caminhos.

Como toda menina de dezoito anos merece sorrir.

Eu sigo bem mais leve.

E, finalmente, encerro aquele dia e me liberto do sofrimento que ele me causou ao digitar este ponto-final.

A revanche

A carta foi um grito. Publiquei porque queria que esse grito reverberasse, e reverberou.

A jornalista que abriu espaço para que as minhas palavras fossem publicadas me enviou notícias da repercussão. Além de ser publicada na versão impressa da *Folha*, a carta também foi para o portal de notícias UOL e, durante dois dias, ficou entre os assuntos mais lidos; teve 5% de toda a audiência da semana do portal, o que, segundo ela, era significativo.

Num gesto de respeito aos leitores, a jornalista me encaminhou algumas mensagens caso eu quisesse responder. Eram quase todas de apoio, de pessoas que tiveram experiências difíceis, com médicos ásperos demais, em momentos delicados demais. Ou de mães de crianças com alguma diferença, algumas delas com a mesma situação congênita da minha menina, que compartilharam comigo suas dores e também doses gigantescas de força e esperança.

Mas havia uma exceção. Uma das mensagens me criticava, com certa dureza, e me questionava: a opinião do médico não teria sido um gesto de compaixão? Uma tentativa de evitar tantas cirurgias e tantas dores? Não teria sido eu ingrata e me equivocado profundamente?

Aquela mensagem me desconcertou. Foi um soco no estômago. Fantasiei que por trás daquelas palavras estaria o próprio médico me sacudindo com um "ei, você não viu que eu só queria ajudar?". Ele era o destinatário da carta e talvez estivesse mandando uma resposta à remetente.

Naquele momento, ao ler a mensagem, ficou claro pra mim que não era publicar no maior portal de notícias do Brasil a minha história o que eu realmente desejava. Queria berrar na cara dele, "ela anda com os próprios pés!". Era uma revanche o que eu realmente queria. Sofri, chorei, me achei vingativa, mesquinha. Repensei tudo e respondi de forma objetiva e protocolar, como tive condições naquele momento. Mas a resposta que efetivamente gostaria de ter enviado era outra.

— Obrigada pelo seu contato e por me fazer pensar sob outra perspectiva. Suas perguntas me levaram a uma longa reflexão e quase me fizeram achar que fui insensível e ingrata com um médico que queria apenas eliminar dores da vida da minha menina, ainda que a um custo bem alto. Você tem razão em um ponto. Sim, é possível que o médico a quem escrevi a carta, de fato, tenha agido com o genuíno intuito de ajudar, de reduzir riscos e cirurgias. Ele me disse isso, "risco demais, cirurgias demais". É possível que houvesse naquele gesto a humanidade que você enxergou e eu não; pelo menos não há dezoito anos; hipótese que só comecei a considerar após sua mensagem. É possível que ele realmente acreditasse que a proposta de tratamento que me sugeria fosse a melhor opção. É possível ainda que estivesse num dia de agenda cheia e tenha escolhido a forma mais técnica e objetiva de me dizer o que pensava: "amputa, tiramos esse pé e tá resolvido o problema". É possível até que tenha tido a intenção do respeito. Faltou me oferecer uma cadeira.

Eu estava de pé. Ouvi a sugestão da amputação numa frase direta e reta, sem a delicadeza de um "vamos sentar pra conversar melhor?". Acredito que a conversa que eu precisava exigiria um olhar nos meus olhos, exigiria uma pergunta sobre os meus sonhos para o futuro da minha menina, exigiria pelo menos meia hora de consulta. Tive dez minutos, e depois dezoito anos pra fugir do fantasma da amputação.

Das muitas mensagens que recebi, algumas eram de pessoas amputadas que me diziam que viviam muito felizes, algumas haviam inclusive optado por esse caminho e não pela longa jornada cirúrgica. Respondi a todos que acredito realmente que esse seja um caminho a ser considerado para vários casos e que o desejo e a expectativa de cada paciente ou de sua família devem ser analisados com total respeito.

A missão da minha carta estava cumprida. Era apenas o berro de quem se liberta de um pavor. E já conseguia pensar naquele episódio de forma mais serena. Aquele médico que me provocou um sofrimento profundo, ao dizer daquela maneira palavras que eu não estava preparada para ouvir, também foi um combustível para o meu motor. Corri minha maratona pessoal fugindo dele. E hoje o meu retrovisor me mostra que não só aquela sentença da amputação mas muitas outras frases atravessadas que ouvi quando não esperava, de alguma forma, se tornaram todas frases-combustível. Do limão, limonada, ou da dureza de palavras mal ditas, gasolina. No fundo eu já fazia isso desde o topo da escada. E aquela mensagem de um leitor desconhecido após o desabafo da carta me fez enxergar a intenção da ajuda, ainda que desajeitada, em muitas situações que vivi.

A carta parecia um ponto-final em muitas mágoas. E foi. Mas ainda tinha uma inquietação me remoendo por dentro. Não sabia exatamente o que era, mas incomodava.

Um dia, sem planejamento prévio, num momento de ócio e calma, perguntei à minha menina o que na verdade eu queria saber, soltei diante dela a dúvida que me atormentava.

— Tomei decisões por você. Decidi te submeter a dez cirurgias, a anestesias pesadas demais, cortes profundos demais, dores que por vezes nem a morfina acalmava. Valeu a pena? Você era só um bebê, eu tinha que decidir sozinha. Se pudesse decidir, você teria escolhido o mesmo caminho? Teria passado por tantas dores, tantas vezes? Ou teria preferido a amputação?

Minha menina segurou a minha mão e disse:

— Fica tranquila, eu sou feliz por ter os meus pés. Você fez a escolha que eu também teria feito, se pudesse.

Aquela resposta definitivamente encerrava uma angústia dentro de mim. Pelas palavras, mas em especial pela tranquilidade que enxerguei no rosto dela. Fantasmas eram passado. Já poderia falar e escrever sobre anjos.

O veredicto

Dormi mal durante a noite. Estava inquieta, com aquele turbilhão interior de quem não seria capaz de ocultar o que parecia um crime grave, o erro da traição, e justamente com o nosso dr. Walmor. A segunda-feira havia chegado e de novo eu levava minha menina ao hospital ortopédico de sempre, rumo a mais uma consulta. Eu tinha que dividir com ele o prognóstico sobre a amputação. Não poderia ocultar a dúvida que me consumia.

Era melhor amputar? Era melhor cortar o mal pela raiz e acabar com todas as incertezas à nossa frente? Valeria a pena seguir em frente ou estava apenas me iludindo e fazendo minha menina sofrer? Não teria como esconder que, sem ele saber, havia procurado outro médico, outro hospital, outra opinião, e agora estava numa encruzilhada, sem condições de decidir para onde seguir.

A mãe forte e cheia de certeza que tinha afirmado que não permitiria a amputação agora estava reduzida a um fiapo, consumida por medo e dúvida. Será que estava no caminho errado?

Fui sincera, contei tudo, chorei, disse que estava absolutamente perdida. E a voz dele, mais uma vez, me trouxe à razão.

A amputação era uma opção para muitos pacientes; alguns não nasciam com uma estrutura óssea mínima que permitiria as tentativas de reconstrução. Nem todos tinham condições de arcar financeiramente com um tratamento que exigia tantas cirurgias. E nem todos conseguiam suportar a montanha-russa das emoções e dores que isso envolveria. A jornada de cirurgias levaria quinze, talvez dezesseis anos, e na adolescência muitos pacientes desistem porque não suportam mais a dor. Sim, amputar era cortar o mal pela raiz, simplificaria tudo. Mas, prosseguiu, estudos feitos por universidades renomadas no mundo inteiro indicam que os pacientes, mesmo aqueles com deformidades gravíssimas, se têm a chance de melhorar e usar os próprios membros, preferem essa opção a ter um pé, uma perna ou um braço artificial. Ter o próprio membro, tocar a própria pele, sentir o próprio corpo, é sempre mais reconfortante e agradável do que ter uma prótese. E, então, me deu a frase que dali em diante passou a me guiar: o pior membro é melhor que uma prótese. Ele me deu o veredicto. Não feito um juiz frio e indiferente. Ele olhava nos meus olhos, se condoía com as minhas dúvidas, segurava a minha mão.

A partir daquele instante, a minha voz se juntou à dele; sem titubear e juntos, lutamos para recuperar o pé e a perna direita dela. Seguimos a linha que já estava previamente traçada. E, anos depois, quando estava prestes a iniciar em São Paulo as cirurgias finais e mais difíceis, de alongamento ósseo, a voz dele ressurgiu em nossa vida naquele telefonema inesperado. Ele, mesmo de longe, continuava cuidando da minha menina.

Mas, naquela conversa ao telefone, a porta que ele abria pra gente me colocava mais uma vez em dúvida. Seguir as cirurgias que já estavam programadas para as férias de julho por um método já consolidado havia trinta anos? Ou me aventurar com o novo método, que trazia a promessa da recuperação mais fácil, ainda que com resultados não plenamente conhecidos? Na dúvida, foi à voz dele que recorri. Era a minha vez de telefonar pra casa dele.

— Como médico, não posso decidir por você. Não posso te dizer qual a opção certa porque cada caminho tem seus riscos e benefícios. Essa é uma decisão particular, sua.

Um instante de silêncio se fez ao telefone. Com uma ponta de frustração, imaginei que era tudo que me diria, como tecnicamente qualquer outro médico faria. Na verdade, ele estava apenas refletindo se poderia dar mais um passo e cruzar a linha que nos separava e nos colocava em posições bem distintas: médico e mãe de paciente. Ele teve a coragem de continuar.

— Se ela fosse minha filha, eu escolheria o novo método.

A decisão estava tomada. E foi o melhor caminho. A primeira cirurgia de alongamento ósseo foi adiada das férias de julho para outubro de 2006, realizada um dia após o aniversário de nove anos dela. O método criado após a Segunda Guerra Mundial por um médico soviético chamado Graviil Ilizarov havia sido simplificado por um médico brasileiro, nosso dr. Gepeto, seguindo a tendência da ortopedia mais moderna, e isso facilitou demais a recuperação e a vida da minha menina. Foram três cirurgias desse tipo, pra fixar os pinos na tíbia e esticar a perna direita até atingir o limite que ela precisava. E outras três cirurgias para retirar toda a parafernália de pinos e hastes e ainda reconstruir o pé direito.

Sempre penso muito em nossos anjos de jaleco. Do nosso dr. Walmor lembro de cada detalhe, especialmente dos olhos dele. O olhar daquele homem generoso, sincero e dedicado iluminou nossa jornada do começo ao fim. Ele nos levou ao nosso dr. Marceneiro, foi o nosso dr. Farol. Jamais me esquecerei do zelo com que cuidou da minha menina, que até o fim do tratamento também foi a menina dele.

0,38%

Nossa jornada de oito anos até chegar a São Paulo foi planejada pra que nada desse errado na fase mais importante e pesada do tratamento da minha menina.

Vivemos oito anos esperando os oito seguintes, como se as malas estivessem sempre prontas para o destino final do tratamento dela, longe das montanhas e também do cerrado.

Até ali, se tivesse que escolher algumas palavras pra descrever a minha menina, seriam ciente, lúcida, compreensiva. Ela era surpreendentemente consciente, colaborativa. Sabia das diferenças que tinha, entendia a necessidade das cirurgias e seguia firme ao meu lado, praticamente sem me exigir explicações.

Eu me lembro de contar sobre como seria esse caminho para um bebê aos três meses de vida, antes da primeira cirurgia. Uma menina dormia e a outra estava sentada no chão, recostada nas grades do berço, conversando com as paredes.

— Vai ser longo, vai ser difícil, mas vai terminar tudo bem — dizia pra ela e também pra mim.

Gosto de imaginar que as palavras ditas no escuro daquele primeiro quarto surtiram algum efeito. Mas sei que a minha menina nasceu com uma capacidade de compreensão e aceitação anterior a mim. Era inebriante observá-la, vê-la crescer e reconhecer muito de mim, mas especialmente enxergar nela o que não vinha de mim, reconhecer a essência genuína dela. Minha menina nasceu sábia, nasceu grande, bem maior que eu. Só me restava uma alternativa: crescer junto com ela.

Até ali, se tivesse que escolher algumas palavras para me descrever, recorreria às traduções que minhas amigas quase instantaneamente faziam de mim. Disciplinada, focada, determinada, resiliente. Acredito que todas essas palavras já andavam comigo antes da maternidade, mas minha menina me trouxe uma dose extraordinária de força, de consciência, mais que isso, de urgência, o senso da prioridade, da direção, de não poder desviar ou falhar.

Como o fogo forja o aço, me forjei no molde dela, nas necessidades do caminho dela, que se tornou nosso. Virei uma pessoa extremamente racional, sensata, pragmática e, irritantemente, minuciosa com os números. Eu me lembro de calcular os centavos de tudo que ganhava e gastava, de descontar do meu salário, assim que ele caía na conta, os 0,38% da CPMF que invariavelmente seriam confiscados pelo governo. Não podia fugir uma casa decimal do planejado para o tratamento dela. E não fugi.

Com a lógica dos números, por muito tempo guiei sentimentos. Quem cruzou o meu caminho até ali sabia ou deveria saber que teria uma participação coadjuvante na minha vida, um espaço reduzido, talvez menos 0,38% do meu coração. Meu foco era ela, as cirurgias dela, o tratamento dela, a maratona com ela, todo o resto ficava em segundo plano. Mas o caminho reto que nos trouxe até São Paulo escondia uma curva.

E daí?

Pensando bem, ele foi o meu primeiro dane-se. A primeira inconsequência realizada desde que havia me tornado mãe. Agir sem medir, sem temer, ou pelo menos tentar.

Um casamento sem padre, sem pais, sem permissão. E sem precisar de nada disso.

Apenas um papel assinado num cartório, por insistência dele. Sem eu nem mesmo saber se a família dele sabia. A minha foi avisada e apoiou.

Não comprei vestido de noiva, não planejei cerimônia, não fiz maquiagem nem cabelo, não contratei fotógrafo, não fiz cálculos matemáticos, não gastei nem economizei pra me casar, não planejei lua de mel. Apenas acordei, botei um vestido bege e soltinho na altura dos joelhos, sapatilhas vermelhas com tiras amarradas na canela e uma flor branca que peguei no jardim da portaria do meu prédio e prendi atrás da orelha. Entrei no cartório acompanhada da amiga mais amorosa e desajuizada que tenho, a que nos últimos meses havia insistido pra que eu pensasse menos e vivesse mais, e que dali a pouco se tornaria minha madrinha caso meu candidato a marido aparecesse no cartório, porque ele ainda não estava lá.

Eu me casei sem pensar sobre o que aconteceria na manhã do dia seguinte. Nem no minuto seguinte.

Decidi apenas dizer sim.

O minuto seguinte foi numa padaria em São Paulo, com pão na chapa e suco de laranja.

E a hora seguinte, num caminho de pétalas de rosas vermelhas até o meu quarto, o que explicava por que o noivo chegou ao cartório depois da noiva. Sem nunca terem sido noivos.

A menina de quase dez anos que poderia ter sido nossa testemunha estava em férias com os avós em Belo Horizonte. Sem entender completamente o que se passava, disse que iria participar do casamento no dia da festa, com maquiagem, cabelo e vestido de dama de honra.

Pra quem caminhava sobre uma linha milimetricamente reta havia dez anos, sem se permitir excessos ou exceções, o casamento foi uma baita extravagância.

Loucura, paixão, amor... E solidão, cansaço da sensatez extremada, da ilusão de controlar tudo. De tudo isso havia um pouco em mim. E dele vinha uma sensação de bem-estar, de segurança, de colo — o colo de um menino.

Definitivamente havia loucura em mim. Até tentei, mas logo desisti de buscar explicações, definições, conceitos.

Dane-se. E daí? Em anos, era a primeira decisão que tomava sem a obrigação de fazer dar certo. Apenas movida por um desejo enorme de que desse certo.

Apenas segui, sem fazer ideia do futuro, mas com uma certeza: no olhar dele para a minha menina eu enxergava amor.

Sim, eu podia dizer sim.

Menino velho

Quando pisei na calçada tive aquela certeza incômoda: errei na roupa. Ele usava jeans surrado, camiseta branca e tênis All Star. Eu, salto alto, vestido cinza, meia-calça preta e cachecol pra encarar o frio de junho. Parecia dez anos mais velha que ele. Impossível. A barba por fazer, o jeito de falar. O convite para o primeiro encontro era uma peça de teatro. Com certeza ele tinha jeito e repertório de quase trinta. 28. Dava pra encarar.

No caminho, tirou um CD do porta-luvas e botou um dos cantores preferidos pra tocar: James Taylor. Somos da mesma geração. Só pode ser. Trinta e uns.

Falou das notícias, do cenário político, um pouco além do que eu gostaria. A conversa ainda não engrenava, ele remexeu no banco do carro, comentou que precisava comprar um apoio especial para as costas cheio de bolinhas de madeira, daquele tipo muito apreciado por taxistas cansados. Reclamou de dor na lombar, no nervo ciático (?)... quarenta; batendo na porta, certeza! Como eu não tinha percebido? Parecia dez anos mais jovem que ele.

Após o teatro, bistrô romântico. Risoto, vinho... Achei que já tinha a intimidade necessária para a pergunta que passou a noite vagueando pela minha mente.

24!

Eu me lembro do esforço que fiz para parecer natural, de quase me engasgar com o vinho, engolir uma ou duas garfadas mais e correr até o banheiro para respirar.

24!

Ele era um carinha da redação, um menino de 24 anos que um dia chegou ao trabalho com a barba por fazer. O primeiro que me permiti enxergar, após seis meses de um processo lento de adaptação à nova rotina em São Paulo. Ainda estava longe de dominar a função de âncora de um telejornal em rede nacional e horário nobre. A maneira de funcionar da nova emissora era completamente diferente e isso me afligia, a imensidão da cidade me assustava, mas minha menina tinha se adaptado bem demais à escola e dali a alguns meses, mais uma vez, entraria no hospital para a primeira de muitas cirurgias em São Paulo. E eu só tinha que ajudá-la a continuar em paz, economizar dinheiro para a parte mais longa e cara do tratamento e não me meter em encrenca. Tudo isso cruzou a minha mente em segundos até eu voltar à mesa falsamente reequilibrada e decididamente pronta pra sair daquele restaurante o quanto antes.

— Te assustei?

— Imagina! Já sabia que você era mais jovem que eu.

34!

Eu era dez anos mais velha que ele. Mas naquele instante parecia que meio século nos separava.

Eu tinha que sair logo dali. Mas pra terminar um jantar é preciso terminar o vinho. Agora entendo por que ele escolheu e pagou por um vinho bom, mesmo com a conta bancária de um menino de 24, ex-professor particular de inglês, nadador, surfista nas horas vagas, prestes a vender o carro pra pagar um mestrado em Washington e largar o jornalismo. Sem nenhuma noção do que viria depois. Mas tudo isso ele não me contou no restaurante.

Nossa noite terminou na rua do meu apartamento, ele na calçada esperando, eu correndo ao meu quarto para jogar longe aquele vestido cinza e reaparecer de jeans e tênis para um último café, na madrugada fria de São Paulo.

No café 24 horas ao lado de casa tomei chá. Foi ali que soube da história dele e falei da minha. Falei da minha menina que dormia em casa com a babá, falei das cirurgias, falei que estava em São Paulo pra isso, falei do meu réveillon na Chapada dos Veadeiros, de como o convite inesperado de trabalho havia se tornado irrecusável naquele contexto. E mostrei um colar que levava ao pescoço, um pequeno relicário riponga com uma minifoto da minha menina e uma tirinha de papel em branco. Era o meu jeito de pedir a São Paulo e ao universo que me trouxessem boas surpresas.

Abu

(Eles levaram treze anos pra encontrar uma palavra de apenas três letras que define tudo.)
    Vou me casar esta tarde. Dessa vez, vou fazer cabelo e maquiagem e vai ter festa. O vestido está pendurado na janela do nosso quarto, branco, longo, simples, apenas com um pouco de renda e um decote nas costas. Vou me casar esta tarde e tenho que dizer a ele por que cheguei até aqui, treze anos depois de um "sim" quase secreto, dentro de um cartório, sem nenhuma pompa ou cerimônia.
    Por que disse aquele sim e sigo dizendo treze anos depois?
    Posso dizer sim por dezenas de razões — o cheiro, a mão, o beijo, o sexo, o ombro à meia-noite; por todos os risos e também pelas lágrimas. Por todas as vezes que fomos sintonia e por todas as vezes que contornamos incompatibilidades, porque algo maior existia. Disse e digo sim a cada dia dos últimos treze anos por amor; meus votos estão gravados em muitos capítulos de amor. Poderia falar de vários desses capítulos, mas agora vou falar de apenas um: ele e ela.

No começo, no vocabulário dele, ela era apenas Pacotinho. O pacote de oito anos de idade e tamanho de cinco que, sem esforço algum, ele enrolava entre os braços e saía balançando. O pacotinho que levou pra surfar num braço calmo de rio, sacudindo a prancha pra fingir que havia ondas. O pacotinho que demandava quase toda a atenção da mãe, a menina enciumada que estaria infiltrada em quase todos os encontros com o novo "amigo do trabalho". Era família antes mesmo de ser um mero namoro. Ele experimentou ser pai antes mesmo de maiores intimidades com a mãe. Era assim ou nada. Pacote completo ou fim de papo.

Ele escolheu a primeira opção. Eu escolhi duvidar. Quem em sã consciência, com o julgamento perfeito das ideias, aos 24 anos, prestes a se mudar de país para estudar, escolhe um pacote desses? Ele tinha algum problema. Certeza. Era só uma questão de tempo até descobrir.

Ao criar minha menina sozinha por quase uma década, por algum senso de autoproteção e cuidado, criei também uma casca grossa, uma suposta blindagem a frustrações. No fundo, me casar foi um teste a essa blindagem. Se der errado, fique firme, siga em frente, vocês sabem avançar sozinhas. Então, é só viver até o momento em que der errado. Nos primeiros meses, talvez anos, esperei a decepção, o momento em que ele nos frustraria e de novo haveria uma ausência a superar. Nunca disse isso explicitamente, nem a ele, nem à minha menina; apenas expressava isso mineiramente. Ficava à espreita.

Hoje sei que talvez minha cautela inicial tenha se repetido com a minha menina. Como se ela lesse meus medos, minhas aflições e, assim como eu, estivesse decidida a duvidar antes de acreditar.

Ele era só o novo amigo da mãe que aos poucos pareceu mais que amigo. Luz amarela acesa. A mãe exclusiva que tinha estaria escapando pelas mãos? Ele era um forasteiro, o ser estranho que surgiu inesperadamente numa casa de meninas, numa história de meninas que se bastavam. Mas o estranho lia livros na cama antes de dormir, buscava o abraço dela assim que pisava naquela casa e ainda gostava de cachorros como ela. Esse estranho até que parecia um cara legal.

Vi medo, vi precaução, vi timidez, vi até falta de jeito, a falta de hábito de ter um pai. A minha menina, que sequer me perguntava sobre essa ausência, não parecia ávida por ter alguém para ocupar essa posição. Ou disfarçava bem. Mas se permitiu tentar, ainda que lentamente.

No vocabulário dela, ele foi Chicote, Chicotinho. O amigo com quem ela podia brincar de implicar. O cara que ouviu dela "xiu!", "xô!", "chega!". O cara que pra minha surpresa e dela insistia em se fazer presente.

Ele simplesmente estava lá. Quando ela passou pela primeira cirurgia em São Paulo, a primeira das piores, ele estava lá. Chegou ao hospital quando ela já havia despertado da anestesia. Evitava olhar para a perna cheia de pinos porque aquela imagem o afligia, mas estava lá, sentado na beira da cama, segurando a mão dela, beijando a testa e a bochecha que exalavam o odor dos anestésicos. E abraçando a mãe-zumbi, consumida pela adrenalina de um dia difícil. Ele estava lá quando precisei de alguém pra carregá-la pra dentro de casa, num sobrevoo pela sala onde a cachorrinha dela pulava tentando carregá-la, mas havia ordens expressas que teríamos que cumprir a qualquer custo. Minha menina estava terminantemente proibida de qualquer contato com animais.

Quando Dulce Maria teve que ser doada porque aquela era apenas a primeira de seis cirurgias pesadas que ainda teríamos pela frente, ele também estava lá pra dar colo e consolo e a promessa de que um dia teríamos outra mascote em casa.

E ela estava em quase todas — almoços, jantares, viagens. E, assim, um ano depois estava também no pedido de casamento dele.

— Precisamos nos casar. Estou saindo do Brasil pra estudar por dois anos e ela precisa ser sócia do clube.

Ele queria que ela fizesse natação no clube em que ele também nadava; o único esporte que ela podia praticar, por não oferecer grande impacto às pernas.

— O clube é a única coisa que tenho para deixar pra vocês enquanto estou fora. Definitivamente temos que nos casar.

???

Esse cara tem algum problema. Não pode ser normal. Não me casaria por uma fortuna. Quem se casa pra virar sócia de um clube?

Ele persistia na loucura. Eu persistia no meu "não". Relutei por meses.

Um dia apareceu em casa. Computador debaixo do braço, chamou a mim e a ela. Persianas baixadas, no escurinho do quarto que pelo menos três vezes por semana já dividíamos, deu play. Ben Harper tocando "Waiting on an Angel"... e uma coletânea de fotos a três. Eu, ele e a minha menina, em viagens, almoços, jantares, aniversários, show de banda pré-adolescente. Em apenas um ano havíamos formado uma família de três. E eu disse sim.

Aquele pedido dava para aceitar. Disse e digo sim há treze anos. Digo sim por mim, mas não tenho um sim que não inclua a minha menina.

Digo sim pelo brilho que enxergo nos olhos dele a cada vez que o vejo admirando minha menina. A enteada que se tornou filha legítima. A filha a quem escolheu se dar como pai. Sempre senti esse amor na troca de olhar entre eles; demorei pra encontrar palavras que definissem o que eu enxergava, demorei até pra acreditar.

Não pira, menina! Não inventa um príncipe com vocação pra pai que essa categoria anda em falta no mercado, dizia forte e alto a minha voz pragmática àquela outra vozinha miúda dentro de mim que insistia em enxergar amor naquele olhar. Mas estava lá, era bem mais forte que meu ceticismo. Sempre enxerguei e enxergo um amor de escolha, um amor de reconhecimento, um amor quase ancestral, anterior a mim. O olhar dele sempre se acendia diante da minha menina. Um amor sem cobrança, sem medo da rejeição, um amor da torcida plena. Estava lá. Só me restava acreditar e dividir. A minha menina era também a menina dele.

Disse e digo sim por todas as vezes em que esteve presente — nas nossas orações de segunda-feira ou na mais extraordinária viagem de férias, na rotina ou na extravagância, em terra firme ou planando de parapente, no riso ou quando havia dor, nas vezes em que pegou um voo de bate e volta a Nova York pra levar as medicações que ela precisava; mas também digo sim pelas vezes em que não esteve presente e fez falta.

Ele não viveu aqueles momentos extraordinários que, dizem, ajudam a consolidar o amor de um pai. Não viu os primeiros sorrisos, não apertou as bochechas quando bebê, não viu engatinhar, não ensinou a andar, mas ensinou a fazer baldeação no metrô. Não trocou fraldas, não ouviu as primeiras palavras. Não foi chamado de pai. Mas sempre bateu no peito pra dizer: "minha filha, ela é minha filha". E me deu bronca nas poucas vezes que ousei apresentá-lo como padrasto.

Daqui a algumas páginas, vou te contar sobre o momento em que a minha menina foi aprovada pela primeira vez num vestibular de medicina, bem longe de casa. Naquela tarde, saímos eu e ela pra tomar um café, comer um bombom e conversar sobre as difíceis mas também boas encruzilhadas que a vida nos apresenta. Ficamos algumas horas divagando sobre o futuro. Na volta, encontramos a casa às escuras, completamente silenciosa. Ele havia saído sem nos avisar. O campeão mundial de deixar as luzes acesas sem necessidade jamais ficaria em casa num domingo, às escuras.

Segui minha menina pelo corredor até o quarto e, pra nossa surpresa, ele estava lá. Deitado na cama dela, enrolado em si mesmo, em posição fetal. Um homem de quase 1,90 metro, encolhido pelo medo da distância. Levei a mão à testa dele, procurei uma febre, um mal-estar. Ele respondeu:

— O que eu tenho é saudade antecipada — e abraçou a nossa menina.

Vi um pai despreparado para se despedir, desnorteado pelo medo de não ter a menina dele na rotina dele. Sei que ela também viu e sentiu aquele amor. O amor do pai a quem nunca havia conseguido chamar de pai. E eu sabia por quê. Havia a cicatriz da ausência. Chamá-lo de pai exigia uma entrega grande demais, e ela não se sentia pronta. Vi autoproteção. (Com quem será que ela aprendeu isso?) Havia um medo, e ela não queria falar sobre medo. Xi... xiu! E assim, seguimos.

Mas, um ano depois daquela noite em que ele se encolheu pelo temor da distância, estávamos bem longe de casa, no Líbano. Apenas eu e ele, em férias, conhecendo a cidade onde os bisavós maternos dele haviam nascido. Naquela viagem de volta às origens, todo o tempo dizia que precisava levar nossa menina pra conhecer o país que estava no coração dele, ainda que estivesse pisando ali pela primeira vez.

No meio de uma tarde, pegou o telefone e ligou para o Brasil. Tinha urgência em transmitir uma descoberta.

— Oi! Agora eu sei o que eu sou seu. Abu! *Abu* é pai em árabe. E você é minha abuzinha.

Gargalhadas do outro lado da linha.

— Se *abu* é pai, então, abuzinha é paizinha, não sou sua paizinha.

Sim, ele sabia o que era dela. E encontrou a palavra que poderia apagar as cicatrizes de uma ausência.

A partir daquele dia virou Abu.

Oi, Abu! Tudo bem, Abu? Bom dia, Abu! Boa noite, Abu! Cadê o Abu? Abu saiu? Abu chega que horas? Você falou com o Abu hoje? Abu tá triste? Abu tá preocupado? Você brigou com o Abu? Não briga com o Abu. Café da manhã com Abu, museu com o Abu, viagem de férias só com o Abu. Abu pra lá e pra cá. E a cada vez que escuta a menina dele pronunciando essa palavrinha, o brilho daquele olhar se acende ainda mais forte que antes. Vejo um pai saboreando o gosto bom desse amor.

Na minha festa de casamento imaginária, digo sim e obrigada. Não projeto o futuro desse casamento, prefiro olhar pelo retrovisor daqui a muitos anos pra saber o que terá sido. Mas, ainda que vivamos intempéries, eu, que parti do medo, me permito a coragem de dizer sim. Muito obrigada por nos amar, por amá-la e por se permitir conhecer esse amor. Mando um grande obrigada ao universo, por permitir esse encontro entre um Abu e sua menina, por permitir esse amor que independe de mim, independe de um casamento. Um amor que me dá permissão pra errar, fraquejar, falhar, até faltar (mães solo me entenderão). Porque ela já não tem só a mim; tem a você, Abu.

Abu em casa virou nome próprio, essa palavrinha de apenas três letras.

Feito Pai. Feito Sim.

A menina dos grãos de feijão

Não é a minha memória. É a memória do que me contaram, repetidas vezes.

Sei cada verbo, adjetivo e substantivo usados pra descrever a cena. Se fecho os olhos, consigo enxergar a menina. Tenho a sensação de estar perto, muito perto. Posso quase tocar a pele dela. Morena, com as dobrinhas dos braços levemente suadas, rosto redondo, olhar sério, concentrado demais para um bebê que ainda não completou um ano de vida. Ela não sorri e tem a boca lambuzada de feijão. Corpo miúdo, mas firme. Ela está sentada de pernas abertas, usa apenas fralda, já por trocar, e tem à frente um pequeno prato com alguns grãos de feijão cozido.

Ela tem alguma dificuldade. Um ou outro grão escapa dos dedos já escorregadios, melados pelas bolinhas que a curiosidade a fez esmagar antes de levar à boca. Não há pressa alguma. Acho que ela entende. Foi pra demorar que inventaram esse jeito de comer.

E ela come, pacientemente, um a um, cada grão, por mais de hora, até tombar adormecida dentro do chiqueirinho no canto da pequena sala.

Estico o braço da minha memória o máximo que posso, respiro calmamente até quase silenciar meus pulmões e coração. Sim, estou perto dela, muito perto. Posso senti-la dentro de mim. Mas, na verdade, o que quero é me sentir no lugar dela, entrar naquele corpinho e revirar quaisquer sentimentos ali dentro. Eles existem?

Ela sente? Entende o que se passa? Será que imagina estar sozinha na casa? Ou consegue ouvir o choro da irmã mais velha vindo do único quarto da casa? Ela sabe que a mãe está ali, tão perto? Ela sabe que a mãe está no quarto com a irmã, que demanda mais cuidados que ela? Sabe que o caneco de água fervente com açúcar, no ponto de passar o café, foi puxado pela irmã e escaldou-lhe quase o corpo inteiro? E que as feridas das queimaduras vão levar meses para se fechar e desaparecer e que, antes e depois do acidente, a irmã já teve alergias, bronquite e ainda virão sarampo, catapora e talvez rubéola? E, portanto, já lhe serviram e ainda serão servidos muitos pratinhos de feijão? Por que não chora? Por que prefere dormir lambuzada de feijão e com a fralda pesada de xixi?

Sabe que a mãe vive numa casa sem água encanada, num lugar bem pobre, no alto de uma ladeira, longe da única bica por onde a água jorra? Sabe que nas casinhas ao redor outras mães do bairro, assoberbadas com seus filhos e afazeres, vivem num sobe e desce sem fim, com baldes de fraldas e água pra cima e pra baixo? Sente que a mãe está exausta e perdida, com apenas vinte anos, poucos recursos e duas meninas pra cuidar? Sabe que o pai não vai aparecer tão cedo porque ele trabalha o dia inteiro e estuda à noite, pra quem sabe um dia saírem daquele endereço, daquela casinha onde ela cata feijões no chiqueirinho num canto da sala?

Não, ela não sabe. Ainda vão se passar muitos meses, talvez uns dois ou três anos, até que comecem a contar essa história pra ela. Mas por que ela escolhe dormir?

Será que escolhe? Ou, por uma razão desconhecida, apenas por intuição ou uma leve percepção, ela dorme após comer duas ou três dúzias de grãos de feijão? Escolhe colaborar ou apenas colabora? Não demanda, não chora, não grita, apenas come e oferece à mãe o silêncio de algumas horas de sono.

Estamos juntas nesse silêncio. E quando me sinto quase com as mãos sobre o corpinho dela, prestes a agarrá-la, me lembro: não é a minha memória. É a memória do que me contaram, repetidas vezes. Não posso ouvir a voz dela; ela ainda não tem voz. Ouço a mãe dela, as palavras ditas pela mãe dela. Vejo e sempre verei essa cena pelos olhos da Índia, a mãe da menina dos grãos de feijão que um dia será a menina da escada e muitas outras meninas que ainda nem imagina, numa só.

Mas, mesmo que não possa conversar diretamente com ela, mesmo que não possa fazê-la levantar os olhos compenetrados no almoço e me encarar, me explicar por que não chora, por que não reclama um pouco de atenção, ela me pertence, está guardada dentro de mim.

E ouso traduzir a cena que quase vejo.

Minha resiliência vem de um pratinho com grãos de feijão.

Quanto custa o silêncio?

Por muitos anos acreditei que havia recebido uma retribuição dos céus, efetivamente ainda acredito, mesmo que não saiba exatamente as razões. O presente divino de uma filha calma, tranquila, que colabora, além do que algumas mães e pais talvez possam imaginar. A minha recompensa depois dos grãos de feijão?

Cólicas? Tenho lembrança de um dia. Noites maldormidas? Oito horas seguidas de sono profundo na primeira semana de vida. Birra? Nenhuma. Nem uma única vez. "Mãe, eu quero isso, agora", aos berros, aos prantos da frustração tão comum na primeira infância? Nunca. Nenhum porém na escola, nenhuma mordida nos coleguinhas, nenhuma porta batida na adolescência, nenhum grito, nenhum "ai que droga, que merda, que saco" ou qualquer outra coisa equivalente com palavrões um pouco menos *démodés*. Nada.

Nenhum gesto de revolta ou inconformismo com as diferenças físicas que tem, com as cirurgias que precisou enfrentar tão precocemente, nem com o afastamento do pai. "Mãe, o que eu tenho?", "por que nasci assim?", "por que tenho que passar por tantas cirurgias?", "cadê meu pai?" são algumas das perguntas que eu imaginei como questionamentos frequentes e absolutamente naturais, mas que não ouvi. Nem perguntas, nem protestos.

Imaginei que doses cavalares de anestesia, morfina, antibióticos, anti-inflamatórios, analgésicos, agulhadas e cortes e suturas, em algum momento, fariam a tranquilidade da minha menina desandar. Eu esperava birras, irritabilidade, nervosismo. Recebi serenidade e silêncio. E aceitei.

Por que ela me ofereceu o silêncio? Escolheu colaborar ou apenas colaborou? Ao reencontrar a menina dos grãos de feijão, encontro uma resposta. Acredito que a menina da covinha na perna me enxergou por dentro, viu o quanto me sentia só, o quanto precisava de ajuda, e me ajudou. Caminhou em silêncio ao meu lado.

Na ânsia de oferecer à minha menina força, mostrei a ela uma mãe editada. Suprimi dores, medos, fraquezas. E lágrimas. Não chorei na frente dela, nem por culpa, nem por preocupação, nem por insegurança. Nem permiti que chorassem. Não foi uma estratégia refletida, elaborada, discutida com doutores, psicanalistas ou algo assim. Foi apenas a minha trajetória de vida que me levou a agir dessa forma. Você não sabe que tipo de mãe vai ser até ser.

Sabia a mãe que eu não seria. Jamais seria a mãe-vítima, que se senta na beira do caminho, num lamento sem fim e sem rumo. Detesto esse papel. Não aprendi a ser assim. Escolhi mostrar à minha filha o que, naquele momento, achava que seria o melhor de mim: a coragem, a confiança, o otimismo, a fé.

Sei que ela enxergou as duas mães, a forte e a frágil. Mas quanto mais valente eu tentava me mostrar, mais forte ela também se exigia ser. E quanto mais madura e tranquila eu a via, mais serenidade eu buscava oferecer. Nos abastecemos dessa troca. Fizemos um pacto sem palavras. Construímos uma conexão profunda, inabalável, eterna. Não tenho nenhuma dúvida disso.

Só com o passar do tempo enxerguei os dois lados desse pacto, vi o quanto ele conduziu a nossa vida por um caminho de amor e companheirismo que nunca havia experimentado. Mas também entendi que ele teve um custo alto. Duas meninas, uma de 25 anos e outra de poucas semanas, tiveram que acelerar o relógio da vida, amadurecer à força. Uma abriu mão de parte da juventude. A outra, da infância. E as inseguranças e fragilidades ocultas estavam ali o tempo todo. Inevitavelmente apareceriam.

Já disse aqui que errei com as palavras. É verdade; mais de uma vez. No auge do meu pragmatismo, uma menina de sete anos me revela que ao crescer queria ser cantora e atriz. Respondi que seria ótimo, desde que encontrasse dentro dela um talento extraordinário para a música e a interpretação, porque no Brasil não é fácil ser atriz nem cantora. Quanta estupidez! Ofereci razão porque eu respirava razão. Ofereci pés fincados no chão porque era onde eu estava. Hoje, se pudesse voltar o relógio, ofereceria um karaokê.

Gostaria de ter oferecido mais leveza, cabeça nas nuvens, fantasias e mais lágrimas. E de ter tido a sabedoria de recusar o silêncio. Hoje sei que a conta do não dito uma hora chega.

Vão se passar dezoito anos, a menina da covinha na perna vai vencer todas as dez cirurgias, percorrer todo o caminho até que se permita desabar após o primeiro vestibular. E a menina-mãe vai buscar na tela branca do computador permissão pra chorar, rever e repensar.

Vamos encontrar tempo pra chorar juntas. E isso será assustador. E extraordinário.

Somos duas

Vou contar agora a história de uma noite muito especial, das mais especiais que vivi em muitos anos. Não são vestígios de memória que entrego agora. São detalhes precisos, fresquinhos, frases, cheiros, sensações e sentimentos com o gosto bom do recém-vivido. O gosto ainda não totalmente decifrado de uma noite que, enquanto escrevo, ainda é o meu ontem.

23 de dezembro de 2017.

Somos duas, numa mesinha de toalha xadrez azul e branca, num bistrô de bairro em São Paulo a dois quarteirões de casa — com cara de que foi feito exclusivamente para casais românticos —, num sábado de pouco movimento, véspera de mais um Natal. E mais uma vez lá estamos nós, eu e ela, jantando infiltradas num bistrô para casais como já fizemos milhares de vezes em nossa vida.

A menina sentada à minha frente tem vinte anos. Tem só 1,45 metro (como, afinal, sempre terá) e, de repente, parece grande. O rosto está iluminado, mas ela não usa nenhuma maquiagem. As expressões são suaves, realçadas apenas por um corte de cabelo curto, acima dos ombros, do tipo bagunçadinho e moderninho. Foi nessa semana que ela deixou pra trás 25 centímetros de cabelo, doados para pacientes em tratamento de quimioterapia. Deixou pra trás a carinha de criança que agora só eu enxergo.

Sim, pela primeira vez vejo minha menina, mulher. Minha menina-adulta. Mas nem preciso fechar os olhos pra ver todas as minhas outras meninas. Como num filme, centenas delas surgem na cadeira à minha frente — com franja, sem franja, com batom, sem batom, com borboletas pintadas no rosto, grampos coloridos no cabelo, de vestido ou camiseta, com espinhas, com gripe, com brinco ou sem, com coroa de princesa ou asas de anjo. Com aparelho nos dentes ou sem. De cadeira de rodas, gesso ou muletas. Ou apenas com uma nova cicatriz revelando o contato recente com um bisturi. Cansada, com sono ou cheia de energia. Com as unhas pintadas ou descascadas, com cabelos rebeldes, de trança ou de chapinha.

Paro em 2002 e vejo a menina de sorriso bochechudo, pedindo ao garçom uma porção extra de parmesão sobre o ravióli em um bistrô de Brasília. Ela tem apenas cinco anos e fala baixinho, como se temesse incomodar a conversa nas mesas ao lado.

Salto para 2009 e vejo a menina com as primeiras espinhas marcando o rosto. Ela usa gorro e casaco pesado e está à minha frente numa mesa de calçada em Nova York, desafiando o frio, ansiosa pra ver a primeira neve da vida, anunciada para acontecer a qualquer momento naquela noite. E devorando, aos doze anos, um dos milhares de *tiramisus* que já dividimos.

Chego em 2012. Vejo e ouço a menina dona de um inglês fluente que, aos catorze anos, ajuda a mãe sotaquenta e caipira a decifrar os pratos no cardápio, disposta a conhecer qualquer ingrediente novo. E, dentro daquele bistrô londrino, sou apenas a mãe que tenta explicar por que teve um ataque de pânico e lágrimas no momento em que a filha pegava o metrô por eternos 45 minutos (com baldeação) pra chegar sozinha à nova escola britânica. E ela apenas ri de mais uma das minhas mãezices, porque começa a descobrir que tem um mundo inteiro para experimentar e que ele nem é tão grande e temível assim.

Perdi as contas de quantas vezes essa menina se sentou à minha frente num bistrô, me fez companhia, riu comigo, ouviu minhas histórias e me contou as dela. Sussurramos conversas corriqueiras, falamos do dever de casa, das aulas de natação, inglês ou balé. Falamos das notícias de cada semana, sim, porque a menina da menina da TV sempre ouviu falar das notícias. Entre uma garfada e outra de macarrão, ela fez milhares de planos comigo; alguns realizados, outros ainda não. Em pedaços de guardanapos, fizemos listas de passeios e viagens. Sem nos levantarmos da cadeira, percorremos o mundo. Falamos de Roma, Paris, Tóquio e quase do globo inteirinho. Falamos dos astros e das estrelas. Dos anjos e dos óvnis. Foi para a mesa de um bistrô que corremos sempre que eu voltava de um temporal, terremoto ou desastre. Fizemos listas de tarefas, falamos de hospitais, doutores, cirurgias, tratamentos e também das aventuras que viriam imediatamente depois. Falamos menos de medo e fragilidades do que deveríamos, mas falamos muito de esperança e de amor. Falamos do conhecido e do desconhecido. Ou não falamos nada e apenas devoramos os pratos à nossa frente.

A fome é só uma leve lembrança nessa noite. Ela pede salada. Eu, cogumelos grelhados. Ela toma água, como sempre.

Eu, *sauvignon blanc*, chileno, suave e gelado, na medida pra amolecer a conversa.

Perdi as contas de quantas vezes ela, pacientemente, me esperou tomar uma ou duas taças de vinho pra esquecer e relaxar de um ou outro estresse do trabalho. Mas o vinho dessa noite não faz efeito; como se placebo fosse, não tira a inquietude que ocupa o meu peito. Não faço ideia de onde essa noite vai chegar. Mas sinto que ela é diferente de todas as outras.

Estou feliz e, ao mesmo tempo, aflita. Ela parece como sempre. O mesmo sorriso doce, o mesmo olhar interessado, disposto, presente. Nunca brava, nunca com preguiça ou impaciente. Nunca infeliz por estar ali. Escolhemos milhares de vezes estar juntas dentro de um bistrô. Nunca foi circunstância nem obrigação. Nunca foi acidente ou falta de opção. Nunca foi imposição da vida, nunca foi consequência de uma gravidez não planejada, nunca foi acaso, nunca foi tanto faz. Foi e acredito que sempre será escolha, afinidade, amor.

E o jantar dessa noite seria apenas mais um, não fosse o que enxergo bem diante de mim: a linha de chegada. E, como jamais poderia supor, assusta.

Reluto. Definitivamente não devo estar enxergando direito. Que angústia é essa se ainda agora eu era só orgulho e alegria?

Faz dezenove dias que ando flutuando. Há dezenove dias sou a mãe de uma menina aprovada no vestibular de medicina, depois de dois anos de cursinho e um baita esforço que incluiu vencer crises agudas de ansiedade e perda de peso. Minha menina não tem mais bochechas. Mas está firme depois de um vendaval. Está leve e sorridente pra comemorar. E eu, feito pombo-correio, ando por aí só distribuindo a notícia, num misto de sorriso e lágrimas.

Alegria é a palavra. Mas não a única.

A menina que está à minha frente está pronta pra voar. Alto, longe, pra qualquer direção. Mas ainda não tem plena consciência disso. A caminhada até aqui deixou marcas. Como se fossem desenhos ou linhas de um mapa, conheço cada curva da coleção de cicatrizes que ela carrega nas pernas e na mão direita. E a história de cada cirurgia por trás delas.

Já as cicatrizes invisíveis só ela conhece plenamente ou um dia poderá conhecer. Sempre me doeu saber que, por mais que eu fizesse, por mais que me empenhasse em buscar médicos, descobrir novas técnicas cirúrgicas e tratamentos ortopédicos, eu nunca saberia o que é, de verdade, ter a diferença que ela tem; o que é conviver cotidianamente com o olhar alheio, que pode ser de preconceito e estranhamento. Jamais saberei o que é enfrentar o rótulo desde o berço da maternidade e buscar pelo caminho olhares de acolhimento, admiração e respeito. Porque eles também existem, e são muitos. Sempre me doeu pensar que, por maior que fosse meu desejo de tirar qualquer sofrimento do caminho dela, sempre esbarraria num limite congênito.

Como mãe, tive que conviver com uma culpa gigantesca, que nascia de mim mesma, nunca do olhar dela em direção a mim. Tive que conviver com um limite real, imutável, que não se esvai com o tempo; o limite de não poder trocar de lugar com ela, de não poder sentir, no lugar da minha menina, as dores que são dela.

A menina da escada sabia desde a largada o milagre que buscava. Escolheu o milagre possível. E agora aquela jovem mãe de 25 anos está aqui comigo, prestes a cruzar a linha de chegada. Estamos eufóricas e incrédulas. Então é aqui? A maratona termina nesse ponto?

A minha menina agora é uma mulher que vai iniciar uma caminhada só dela pra se tornar uma doutora e, com certeza, pra se tornar mais do que a minha menina.

O coração dispara, a boca seca e, como num profundo mergulho, me vejo de volta ao passado.

Estamos num corredor de um bloco cirúrgico em 1998. Branco, asséptico e gelado como qualquer outro. Esse lugar não é novo pra nós.

O relógio ainda não bateu seis da manhã.

Tenho nos braços uma menina cheia de dobrinhas, só de fralda e chupeta branca, olhando tudo ao redor. Ela está prestes a ser levada para uma maca, longe do olhar da mãe, para enfrentar a terceira cirurgia ortopédica em apenas um ano e dois meses de vida. A cirurgia vai levar cinco horas e vai terminar bem, "dentro das limitações que o caso apresenta" — vai nos dizer o médico ao final. Mas ainda não sabemos de nada disso.

Vivo a agonia de entregar a minha menina sem a certeza da volta. Dói, dilacera e o que poderia atenuar um pouco a minha aflição simplesmente naquela noite não deu certo. Fiz tudo exatamente como nas outras vezes. Brincamos e cantamos sentadas no tapete do quarto, cercadas por uma trupe de bonecas, por horas seguidas. Segurei os olhinhos da minha menina bem abertos com todo tipo de história até ela derreter de sono à uma da madrugada e, assim, chegaria dormindo ao bloco cirúrgico, com prévio consentimento do anestesista. Funcionou nas outras duas cirurgias, mas hoje ela está acordada, atenta a tudo, e a enfermeira já se aproxima pra retirá-la dos meus braços.

Tenho vontade de gritar e fugir correndo dali, mas engulo o choro e digo:

— Você vai operar a perninha e logo volta pra brincar de novo com a mamãe.

Ela abre os braços para a enfermeira, enfia os dois dedos da mão direita na alça da chupeta, tira da boca e balbucia, enquanto vai ensaiando beijinhos e me dá um tchauzinho com a mão esquerda:

— Mamã!

Aquela cena me sustenta de pé por mais alguns instantes. E, assim que a minha menina desaparece, enfrento, de novo, o medo mais profundo que conheço na vida. Um medo que me faz dobrar o corpo, abraçar as pernas, me encolher, me encasular, e faço a única coisa ao meu alcance para não sucumbir ao pavor do nunca mais. Começo uma conversa comigo mesma que vai durar horas, uma espécie de transe em que vou aprisionar o meu choro, repelir o meu medo e repetir mecanicamente todas as orações que já aprendi na vida. E repetir mentalmente pra mim mesma milhares de vezes, "vai dar certo, vai dar certo, vai dar certo".

Ainda estou com o ouvido grudado na porta do bloco cirúrgico, a que os médicos não me deixaram ultrapassar e que a minha menina ultrapassou sozinha dez vezes. Impressionada com o que testemunha, a enfermeira retorna instantes depois com a notícia de que a paciente já está anestesiada. Dormiu sorrindo para os médicos, sem derramar uma lágrima. Sem um gemido ou ameaça de choro.

Eu me sinto do tamanho de um grão de areia e apenas prossigo: "vai dar certo, vai dar certo, vai dar certo".

Eu não vi essa história. Ninguém me contou. Eu vivi essa história. Foi daquela menina de chupeta e dobrinhas que tirei toda a força que precisava pra seguir em frente naquele dia e em todos os outros. Todas as vezes que meus joelhos ameaçaram fraquejar, todas as vezes que olhei a linha reta à minha frente e não enxerguei o fim, foi daquele tchauzinho sereno que me alimentei. Foi da força daquela menina que me fiz a mãe forte que ela acredita ter. Sei o quanto me alimentei dela. Sei que tentei entregar de volta a melhor mãe que pude ser. Sei que nos alimentamos uma a outra, até que em muitos momentos parecemos apenas uma. Mas somos duas, e é isso que precisamos aprender a enxergar a partir de agora.

Carregarei comigo pra sempre a certeza de que não seria quem sou não fosse o olhar dela me guiando. O tempo todo era eu apertando a mão dela, e não o contrário. Nesses 23 anos, olhei dentro dos olhos dela e enxerguei o milagre da minha vida. Vi resiliência, sabedoria, paciência. Vi entrega, confiança, esperança. Vi calma, equilíbrio, aceitação. Tudo isso veio dela, nasceu com ela, é anterior ao meu ventre. Não sei explicar, apenas sei. Sempre soube. Acima de tudo, vi na essência da minha menina uma chama acesa, uma vontade enorme de viver e ser feliz.

E agora vejo o fim da linha.

Sou eu que preciso ter coragem para abrir a mão e deixá-la seguir, traçando os caminhos que serão os caminhos dela. Terei que reaprender a respirar sem o calor da mão dela dentro da minha. Mas farei isso de braços abertos ao novo, e ela também. Sabemos o quanto o inesperado pode ser extraordinariamente bom.

Nessa noite no bistrô, só soube exatamente o que dizer quando as palavras já estavam caindo sobre a mesa. Disse à minha menina tudo isso que conto agora, e ela me ouviu em silêncio, por vezes com olhos marejados, e me devolveu um sorriso com um quê de surpresa e outro de gratidão, até eu pronunciar a última frase:

— Filha, você não é uma obra minha.

A pergunta inesperada

Nossa conversa na mesa daquele bistrô foi marcante demais. Eu me sentei e escrevi as palavras que você acaba de ler transbordando muitas emoções e memórias. Uma alegria imensa pela vitória da minha menina e também uma leveza. Acredito que todas as mães e pais sentem o mesmo ao ver uma filha ou filho aprovado no vestibular. Você se enche de orgulho por eles e por si próprio. Um "dei conta", um "consegui conduzi-lo até aqui" invadem o peito e te dão vontade de sair gritando por aí. E foi exatamente o que eu fiz. Enxerguei a linha final da corrida e vibrei muito. Ainda levaria alguns meses pra descobrir que havia queimado a chegada.

Dezenove dias antes daquela conversa no bistrô, em 4 de dezembro de 2017, estávamos sentadas em uma lanchonete, charmosa e pequena, ao lado do cursinho pré-vestibular. Eu e ela, caladas de tensão, esperávamos o resultado do vestibular de medicina da Santa Casa de São Paulo. Ela, com o celular na mão, atualizava a tela sem parar porque o resultado deveria sair às 15h, e eram 15h02 e nada! Eu pedia calma, tentando esconder o desespero que dominava o meu peito.

E se ela não passar?

Eu precisava estar preparada e tinha poucos segundos pra tentar prepará-la.

— É só o primeiro resultado, está tudo bem se não der; você precisa ficar tranquila porque ainda terá vários vestibulares esse ano — alertava, já temendo que um primeiro resultado negativo pudesse provocar grandes estragos emocionais.

Dizia para as paredes. Naquele instante eu não estava sendo ouvida porque a minha menina estava tomada pela ansiedade, boca seca, olhos grudados na tela, ouvidos tapados pra qualquer conselho de mãe que eu pudesse dar. Já tínhamos comido salada e quiche, já tínhamos dividido um sorvete, eu já tinha tomado um expresso, já não havia mais o que pedir no cardápio, e continuávamos sentadas porque o pouco que ela me disse era que não tinha pernas pra se levantar da cadeira e cruzar os cinco quarteirões até nossa casa enquanto não visse o resultado.

Ela estava paralisada de ansiedade, tomada pelo medo de não conquistar a vaga que tanto queria e realizar o sonho de ser médica. A profissão que ela escolheu aos catorze anos para a minha enorme surpresa.

Quando bem menina, pouco depois de completar dois anos, mas já com três cirurgias na ficha médica, fomos à inauguração de um hipermercado aproveitar as ofertas. Mães conhecem bem essa tripla jornada trabalho-casa-filho e a mágica de fazer compra do mês parecer passeio.

Ela ajudava, não pedia nada e, curiosa, queria saber o que era tudo. Virava realmente um programa saboroso, de diálogos cômicos. Mas no momento em que passamos diante de uma vidraça muito grande e limpa como se fosse um grande aquário, com várias pessoas trabalhando lá dentro, ela se agitou, buscou meu colo assustada e com a cabeça enfiada no meu ombro. Encolhida, dizia baixinho:

— Médico, mamãe, médico, mamãe.

Atrás da vidraça, trabalhavam quatro ou cinco açougueiros, todos de avental branco, com grandes facas nas mãos e uma montanha de peças de carne sobre um balcão pra desossar e transformar em bifes. Medicina era a última profissão que imaginei pra ela. E a minha menina, aos vinte anos, ansiava muito por começar.

O resultado que esperávamos no restaurante ao lado do cursinho era só o primeiro daquela temporada. Mas ela vinha de dois anos de cursinho, vinha de uma longa temporada de crises, de fortes enjoos e ansiedade, quando não foi aprovada de primeira, ao sair do ensino médio. Esses são momentos dela, cabe a ela decifrá-los e lhes dar um real significado. Como mãe posso dizer apenas que vi minha menina emagrecer doze quilos, vi minha menina sem dormir e sofrer muito por um resultado que não veio exatamente como e quando ela imaginava.

A menina que ancorou a própria vida nas capacidades intelectuais que tem, e são muitas, ficou sem chão quando não viu o nome entre os aprovados nos primeiros vestibulares que fez. Só ao testemunhar tanto sofrimento pelo que ela supunha ser um fracasso, comecei a entender que, na ânsia de ajudá-la a crescer com autoestima, de sempre oferecer incentivos e elogios, na ânsia de oferecer a ela as melhores palavras, eu havia errado.

Valorizei demais a vida inteira o desempenho escolar dela. A menina nota dez na escola viu a vibração da mãe a cada conquista, a cada pequeno avanço, se orgulhou do espaço que havia conquistado, a aluna modelo. Sem perceber, incentivei o perfeccionismo acadêmico dela como o fiel para equilibrar a balança diante das imperfeições físicas que o mundo via. E nesse aspecto eu havia sido cruel sem me dar conta.

A cada cirurgia, a cada nova etapa do tratamento, despejei na cabeça da minha menina um caminhão de palavras de força, garra, resiliência, determinação. Ocultei minhas lágrimas, medos, aflições, angústias e ansiedade, temendo contaminá-la com sentimentos que poderiam deixar a caminhada mais difícil quando talvez fosse o contrário. Desejei tanto construir com ela um caminho de vitórias no tratamento ortopédico, procurei tanto as palavras mais positivas e fortes que havia dentro de mim que esqueci de construir com ela o espaço pra falar de tristeza, percalços. Não fiz tempo nem dei espaço a ela e a mim pra chorar.

Foi uma reflexão importante pra mim. Mas justo eu, que sempre me jogo no tribunal da culpa, dessa vez não me culpei. Perdoei a menina-mãe de 25 anos com mais facilidade do que imaginava; ela simplesmente não sabia fazer de outro jeito. Ela tentou e acho que acertou na escolha das palavras; errou na dose.

Só ao ver minha menina sofrer e se abater demais após os primeiros resultados negativos nos vestibulares, tive a consciência de que a linha reta que tracei precisava de pausas para o choro, para o desabafo, pra falar de dificuldades, o que só fizemos quando a cobrança que ela se impunha quase a derrubou. Precisávamos nos permitir falhar, ser frágeis, e esse tempo, ainda que tardiamente, havia chegado. Foi uma jornada de dois anos, que pra mim muitas vezes pareceu mais difícil do que entregá-la na porta de um bloco cirúrgico. Já não estava nas minhas mãos qualquer decisão. Minha menina já tinha dezoito.

Entre muitas crises, ela enfrentou o cursinho pelo primeiro ano e foi aprovada bem longe de casa, em Pelotas, a 1.400 quilômetros de distância. Meu conselho era para que ela tentasse, que experimentasse a faculdade, e depois buscaria uma transferência caso não desse certo.

— Se fosse comigo, eu iria. Mas é você. É você que vai enfrentar a distância de casa ou mais um ano sentada numa cadeira de cursinho. Decida por você e não importa o que os outros pensam. Não importa o que eu acho. Importa você — eu dizia.

Em dias, minha menina sofreu por semanas, meses inteiros... Assumiu que estava frágil para sair de casa naquele momento. Doeu muito pra ela tomar uma decisão na contramão do que eu pensava, pela primeira vez. Mas foi a coisa mais importante que fez naquela situação. Mais uma vez eu digo, não posso decifrar por ela, significar esse momento por ela, mas talvez aquela tenha sido a escada dela, a montanha dela, o olho ferido na fechadura. Éramos, de fato, duas. Diferentes, com posições diferentes, e a dela tem que prevalecer para a vida dela. Prevaleceu.

No fim, foi ela que me ensinou a me permitir ser frágil e aguardar as forças retornarem. Decidiu sozinha que não iria, que não se sentia pronta pra viver tão longe, e recusou a vaga. Enfrentou o segundo ano de cursinho, se jogou sobre os livros a ponto de perder todas as festas, até casamento na família, e agora estava ali, na minha frente, esperando o que mais desejava: uma vaga para estudar medicina em São Paulo.

Antes do sorriso, vi lágrimas. Ela não disse nem uma palavra, apenas olhava a tela do celular, e o choro silencioso dela molhava o rosto e respingava sobre a mesa. Eu mal conseguia respirar.

— Você tá chorando porque passou ou porque não passou?

O choro dela era quase um miado... tímido. Ela não é a pessoa que grita no meio do restaurante. Mas eu sou.

— Passei. Tá dizendo aqui que eu passei em oitavo lugar.

Gritei, chorei, abracei, beijei, saí na rua comemorando, ligamos para o Chicotinho que ainda vai se tornar Abu, ligamos para Índia que vai correr pra dar a notícia para Zóiverde, gravamos vídeo, postei. Deixei explodir a emoção que estava dentro de mim. E hoje acho que gritei pouco: se me dessem a chance de voltar no tempo, faria tudo de novo, em dobro. Talvez em triplo. Se tivesse a possibilidade de voltar no tempo, teria abraçado todos os estranhos que cruzaram o nosso caminho naquela volta pra casa, porque pra mim aquela volta pra casa era cruzar a linha de chegada. Na minha mente tinha uma banda tocando, tinha pedaços de papel picado prateado caindo sobre a nossa cabeça, tinha gente gritando o nosso nome, porque havíamos acabado de romper a fita e cruzar a linha final da maratona. Tinha que ser a linha de chegada. Jesus, eu precisava muito cruzar aquela linha, me jogar no chão e dizer: descansa, pelo amor de Deus, porque os 42 quilômetros da maratona de vocês terminam aqui, com festa e com vitória. Com gritos e lágrimas!

Minha menina havia batalhado muito, estudado muito e tinha passado no vestibular a um quilômetro de casa, exatamente como queria. E, nos meses seguintes, descobriríamos que ela ainda seria aprovada em outras cinco ou seis faculdades; ela nem se deu o trabalho de olhar todos os resultados porque um deles era a aprovação em uma das melhores faculdades do país, a Escola Paulista de Medicina, a dez quilômetros de casa.

Festejei de novo, abracei de novo, chorei de novo e revivi a certeza de ter cruzado a linha de chegada. Senti um alívio tão grande por ter acabado o suplício do cursinho, as noites sem dormir, a ansiedade. Um alívio enorme por saber que a trajetória de todas as cirurgias tinha valido a pena, em breve ela entraria caminhando pela porta da frente da faculdade, onde batalhou muito para estar. Jamais vou me esquecer do primeiro dia de aula, a deixei de carro no portão principal, parada em fila dupla, e não saí dali enquanto não vi a minha menina de calça jeans e moletom completar uns vinte passos até o fundo do pátio para encontrar a sala da primeira aula de medicina. Eu via ao mesmo tempo a menina de vinte anos e a menina de dois, de aparelhos ortopédicos, cambaleando pra chegar à primeira escola. Ansiava demais por esse alívio, a entrada dela na faculdade me tirava toneladas das costas, me trazia aquele "dei conta" e a sensação de que seria tudo mais leve dali em diante.

Tomada por essa certeza, segui contando a quem pudesse interessar que eu teria uma filha médica, e que ela agora tinha apelido novo em casa. Quando pesava só dois quilos e media 42 centímetros, resolvi chamá-la de "Lindona", porque ali, na saída da maternidade, sentia que a minha menina precisava se enxergar forte, grande o bastante para os desafios que viriam. Agora, aos vinte anos, na entrada da faculdade, ela era "Doutorinha", porque já sabia a força que tem. E os principais desafios estavam vencidos.

Era outubro de 2018, ela seguia bem adaptada no primeiro ano de faculdade quando me sentei na frente da minha ginecologista para uma consulta de rotina. Ela, que conhecia minha menina e a nossa história, pediu notícias e terminou a consulta com uma pergunta:

— Vocês já estão procurando as luvas dela?
Um branco enorme se fez na minha mente.
— Luvas?
Simplesmente não entendi a pergunta.
Mas, nos segundos seguintes, a ficha caiu feito um raio. E me paralisou.

Os dedos que eu não dei

Eu e a minha menina tínhamos que encontrar luvas médicas pra ela. Sem as luvas, ela não poderia exercer a profissão que escolheu. Sem luvas, um médico praticamente não pode tocar em um paciente, não faz curativos, não sutura, não faz um parto nem um exame ginecológico, não opera, não extrai uma mísera espinha numa consulta dermatológica. Sem luvas, ela não poderia dissecar os cadáveres que aguardavam por ela no ano seguinte da faculdade, entraria em muitas aulas apenas como ouvinte, com uma limitação real para exercer as atividades nos laboratórios e no hospital universitário. E eu seguia paralisada porque nunca havia pensado nisso antes.

Eu e minha menina tínhamos que encontrar luvas médicas pra ela. Mas a ordem que ocupava minha mente era outra. Eu tinha que encontrar as luvas dela. Sabia que era urgente, mas não conseguia me mexer.

Por semanas, três ou quatro, não tomei nenhuma providência. Não dei um Google, não encontrei energia para telefonar para nenhum fornecedor. Simplesmente protelei porque no fundo sabia que ouviria muitos nãos. Minha menina tem uma *unique hand*, a expressão que ouvirei de um fabricante dali a vários meses. Mas eu já sabia disso desde o ultrassom, uma mão com apenas o polegar mais largo e o dedo mínimo, bem mínimo; uma mão única, a mãozinha *hang loose* que conheci no berço da maternidade, que passou a ter uma boa função de pinça após a cirurgia corretiva, "que poderia perfeitamente se tornar a mão de uma cirurgiã", me dizia a ginecologista, desde que encontrássemos luvas sob medida pra ela. Eu sabia o tamanho do desafio à frente.

Emocionalmente estava muito cansada — exaurida, na verdade, e convicta de que havia enxergado a linha da chegada cedo demais. Era como se precisasse esperar um tempo pra reunir forças para os primeiros nãos do caminho. Quando, um mês depois, achei que estava pronta, liguei para o primeiro fornecedor e ouvi todas as palavras que já sabia que ouviria. Era difícil demais, praticamente impossível: a empresa produzia luvas no Brasil, mas era um braço de uma multinacional, todas as decisões eram tomadas nos Estados Unidos, seria muito difícil alterar uma cadeia inteira de produção para atender à demanda de apenas uma pessoa. Terminei o telefonema disfarçando o choro na voz porque nos olhos não havia mais como. Encerrei a conversa com a frase que diria pra muitas pessoas no próximo ano:

— Registre o número do meu telefone. Se tiver qualquer ideia que possa nos ajudar, qualquer caminho, por favor, me ligue. É muito importante pra nós.

Ouvi as mesmas frases e fiz o mesmo apelo para muitas fábricas, as grandes multinacionais e também as menores, fabricantes nacionais de produtos de látex que poderiam se sensibilizar e ajudar. Me ofereci para visitar fábricas, para que eles conhecessem a minha menina, cheguei a ter esperanças.

Uma fábrica do interior de São Paulo já havia atendido um dentista que levou um tiro na mão e produziu luvas pra ele com apenas quatro dedos por algum tempo. Troquei mensagens com o dono da empresa por WhatsApp, mandei as fotos da mão da minha menina e, dali em diante, fui ignorada.

"Oi, pode falar agora?"

Silêncio.

"Oi, você recebeu as fotos? O que achou?"

Silêncio.

Esperei o momento certo para me manifestar de novo. Usuário online.

"Oi, desculpe a insistência, será que podemos ter alguma esperança?"

Uma, duas, três mensagens e nada. O fabricante pra quem eu havia dito que era jornalista, apresentadora de TV e que me empenharia pra divulgar a iniciativa da empresa em nos ajudar preferiu se calar, talvez sem coragem pra dizer um não.

Àquela altura, eu já havia revirado o Google centenas de vezes. Luvas para deficientes, luvas especiais, luvas médicas sob medida, luvas médicas para mãos com ausência de dedos, *special gloves for unique hands*, *medical gloves for disabled people*;[2] procurei com todas as palavras em português e inglês que pudessem me levar a algum caminho, nada. Propus à minha menina contar a história dela nas redes sociais, fazer uma campanha pelas luvas, pedir ajuda na TV pra fazer uma reportagem sobre o assunto, mas ela não queria; reservada, preferia não se expor; aquilo a assustava demais. Respeitei e mudei de estratégia.

---

[2] Luvas especiais para mãos únicas, luvas médicas para pessoas com deficiência.

Se a teoria de que existem apenas seis pessoas entre você e qualquer outro cidadão no mundo estiver correta, só tenho que encontrar as seis pessoas certas. Virei a louca das luvas. Qualquer pessoa que considerava razoavelmente bem relacionada, na primeira oportunidade iria escutar a história das luvas. No boca a boca, falei com amigos, colegas, estranhos, gente que me olhava com uma cara de apoio, gente que me devolvia uma cara de estranheza do tipo "não sei nada sobre luvas médicas e não faço ideia de por que essa louca está falando disso comigo". Dr. Marceneiro e dr. Walmor entraram na busca, mas não surgiam respostas. Minha frase final a cada conversa já era outra: "Sei que é difícil, mas guarda essa história. Se algum dia se lembrar de alguém que possa ajudar, você me conta, tá?".

Comecei a pesquisar o processo de fabricação de luvas de látex, vi fotos de máquinas enormes, assisti a vídeos com formas de cerâmica de mãos de cinco dedos sendo mergulhadas em tonéis de látex, entendi que o processo de fabricar luvas e balões é praticamente o mesmo. E, se fazem balões em forma de coração, flor, boneco, por que não fabricar balões na forma de uma mão de dois dedos? Decidi procurar empresas de balão e colhi mais alguns nãos.

Durante esse processo, poupei minha menina dos detalhes, minha menina-mulher já com 21 anos. Poderia ser uma busca dela, afinal era uma prioridade dela. Eu sabia disso, mas não queria que ela sofresse a rejeição de tantos nãos, não queria que ela sentisse a dor de ser ignorada após o envio de uma foto. Ela não merecia. Encontrar aquelas luvas havia se tornado uma obsessão pra mim. No auge do meu desespero, decidi que iria procurar pelos fabricantes de máquinas, iria montar uma fábrica de fundo de quintal, alugar um galpão no Brás e produzir as luvas dela se não houvesse outra maneira.

Entrei algumas madrugadas traçando o meu plano B no ombro do Abu em completo desespero; entrei no chuveiro algumas madrugadas porque só lá poderia chorar tudo que tinha vontade. Eu precisava encontrar essas luvas de qualquer jeito. As luvas eram os dedos que não dei.

A culpa estava lá, feroz, me massacrava como nunca. Eu já não suportava mais. Mas tinha aqueles inesperados quilômetros de maratona para correr. Minha menina não podia ser impedida de se tornar a médica que desejava pela falta de luvas. Eu, que já sabia que ocultar lágrimas não era o melhor caminho, ainda assim, tentei ocultá-las. Mas uma noite ela me viu chorando e, talvez pela primeira vez, tive coragem de dizer pra ela o tamanho dessa culpa e de contar como ela doía em mim. Minha menina me levou pra cama, me beijou o rosto, afagou meu cabelo enquanto me pedia que eu parasse de me culpar, que não havia culpa alguma de nada; disse que estava preocupada comigo, que eu iria ficar doente se continuasse daquele jeito, que não queria me ver assim e que as luvas iriam aparecer.

Antes das luvas, apareceu um médico. Um dermatologista americano com a mão direita muito semelhante à da minha menina. Na madrugada em que o algoritmo do Google finalmente resolveu nos ajudar, estava lá: uma notícia sobre um médico da Flórida, que usava 150 pares de luvas por semana, fabricadas sob medida. Ele, que procurou aquelas luvas por onze anos, havia encontrado um fornecedor na Malásia e, em 2016, deu uma entrevista para a reportagem de uma TV local contando a própria história. Pela primeira vez em seis meses, chorei de alegria. As luvas da minha menina existiam! Não dava pra esperar o dia amanhecer pra dar a notícia. Acendi a luz do quarto e dei play no vídeo:

— A mão dele é igual à sua, ele tem as luvas! Olha só isso!

Com um olho fechado e outro aberto, tentando suportar a claridade repentina e entender o que se passava, ela se surpreendeu com a semelhança.

— É muito parecida mesmo — disse, e voltou a dormir com a certeza de que ele iria nos ajudar. Estávamos muito perto.

Na manhã seguinte, minha menina entrou na busca comigo pra valer. Gravamos vídeo, fizemos foto, telefonamos para a clínica, conversamos com a secretária, contamos a história, enviamos e-mail. Nada. Eu e ela tentamos, Abu tentou. Nada. Quem sabe se um americano falar com ele fica mais fácil? Ele vai acreditar e entender que não é trote de uma brasileira louca. O parente de uma amiga que vive na Flórida tentou. Nada. Quarenta e cinco dias se passaram. O médico nunca nos deu nenhuma resposta. O silêncio mais incompreensível que recebi. Jamais vou entender.

Mas agora havia um caminho.

A louca das luvas tinha uma pergunta a mais no final de qualquer conversa: você conhece alguém na Malásia?

Dois caminhos

Era 17 de abril de 2019, véspera do meu aniversário de 47 anos. Eu só havia começado minha busca por algum contato na Malásia. Estava correndo no Ibirapuera quando meu celular tocou.

O representante comercial de um fornecedor do Brasil que, como vários outros, já tinha sido categórico sobre as dificuldades para atender meu pedido, telefonava pra dizer que havia refletido um pouco mais sobre o caso e estava disposto a tentar, mas não podia me dar grandes esperanças. Ele iria discutir o caso com a direção-geral da empresa.

— Você me manda um e-mail?

Escrevi uma carta.

A segunda carta

Boa tarde!
    Desde já, muito obrigada por se lembrar do meu pedido e pela disposição em tentar nos ajudar. Como havia explicado por telefone, minha filha tem 21 anos e está no segundo ano de medicina. Ela nasceu com uma diferença física na mão direita, tem apenas dois dedos. Para progredir nos estudos e por toda a carreira profissional dela como médica, vai necessitar de luvas sob medida.
    Sei que é um pedido complexo, que há todo um processo industrial que à primeira vista pode fazer parecer impossível nos atender, mas sei também que, com um molde especial e uma adaptação em um ponto da máquina, quem sabe a cada vez que milhares de moldes de mãos de cinco dedos forem mergulhados no látex, quem sabe ali não pode estar um molde de uma mão de dois dedos?
    Sei que seria um trabalho difícil, haveria custos extras e, felizmente, podemos arcar com isso. E também nos comprometeríamos a fazer um pedido em maior escala. Mas, antes de tudo, tenho que encontrar alguém que entenda a

importância do pedido, a importância de dizer a uma jovem de 21 anos que sim, ela pode ser médica e terá luvas para trabalhar a vida inteira, mesmo tendo nascido com apenas dois dedos em uma das mãos.

Do ponto de vista comercial, pode não ser vantajoso todo esse trabalho. Mas, do ponto de vista da imagem social da empresa, sim. Quem trabalha pela inclusão melhora o mundo. Acredito verdadeiramente nisso e sei o quanto cada vez mais isso tende a ser valorizado.

Já ouvi de algumas pessoas que é impossível. E me recuso a acreditar. Outro dia estava pensando, há cinquenta anos o homem construiu um foguete e chegou à Lua. Me recuso a acreditar que é impossível fabricar luvas de látex sob medida para que a minha filha se torne a médica que sempre sonhou.

Meu pedido é de qualquer tipo de ajuda — uma indicação, uma ideia, o nome de alguém que não considere a necessidade dela impossível. Nem que seja um professor Pardal pra me ajudar a inventar uma máquina.

Desculpe ter me alongado neste e-mail.

No telefone você me disse que tem filhos, imagino que você entenda exatamente o quanto é crucial pra mim conseguir essas luvas.

Muito obrigada pela sua atenção.

A camisa que virou luvas

Agora tínhamos dois caminhos. A empresa brasileira discutiu aquela carta, pediu fotos, iria estudar o caso da minha menina. E, a 16 mil quilômetros de distância, havia a Malásia. Em último caso iríamos até lá. Mas a Malásia estava bem mais perto do que eu imaginava, a cinco minutos de casa, no café do shopping ao lado.

Passava das três da tarde de uma sexta-feira quando pisei no shopping pra comprar uma camisa. Só tinha quinze minutos pra ajudar o marido, desencanado com roupas, mas que naquele dia cismou que precisava de uma camisa nova para o casório do amigo no sábado.

Relutei em ajudar, atrasada para o trabalho. Só podia entrar em uma loja. E fui, com alvo certo. Na frente da vitrine, avistamos na mesa de um café o primeiro chefe do Abu; jornalista experiente, que não encontrávamos havia muito tempo, dono de uma agenda enorme de contatos e sempre muito gentil conosco. Um apaixonado por cachorros e, como isso evidencia, um cara com um coração enorme. Dos quinze minutos que eu tinha, gastei cinco pra comprar uma camisa e dez pra tomar um café e falar do assunto latente em minha cabeça: luvas.

Àquela altura, o desgaste da busca já me fazia embargar a voz logo nas primeiras frases do pedido, mas prossegui. Assim como de tantos outros, também recebi dele uma expressão de surpresa com o assunto inusitado, até eu pronunciar a palavra mágica:

— Malásia. Preciso de um bom contato na Malásia. Você conhece alguém lá?

— Meu irmão. Tenho um irmão, embaixador do Brasil na Malásia.

— Não! Como não havia pensado nisso, recorrer à embaixada? Seu irmão?

— Sim. Quer dizer, não. É um amigo de infância, daqueles que a gente escolhe pra ser irmão. Se as luvas existirem na Malásia, ele vai encontrar pra você.

Uma mensagem imediatamente foi enviada. Bastou esperar algumas horas pela diferença do fuso e a resposta que nos levou às primeiras luvas estava em minha caixa postal.

Era 9 de setembro de 2019, cinco meses depois daquele café, quando a camisa virou luvas. Quinhentos pares vindos da Malásia com a luva direita produzida sob medida para a mão *hang loose* da minha menina. O amigo-irmão-embaixador abraçou nosso pedido com afinco e afeto, encontrou o fabricante certo entre dezenas, talvez centenas de indústrias que existem na Malásia, e após o envio de muitas fotos, vídeos e desenhos da mão da minha menina, vários moldes foram feitos, enviados para o Brasil, até chegarmos ao formato mais adequado à mão dela.

Minha menina agora tinha luvas suficientes para dissecar o cadáver que já esperava por ela no laboratório de anatomia.

Tinha luvas suficientes para esperar avançar na empresa aqui do Brasil a fabricação de um novo modelo, ainda mais adaptado à *unique hand* dela.

Era 27 de novembro de 2019 quando me senti uma criança extasiada num imenso parque de diversões. Escrevo na madrugada do dia 28 pra falar de emoções que vivi na última tarde, e foram intensas demais. Numa fábrica a sessenta quilômetros de São Paulo, máquinas de fazer luvas transportaram pela primeira vez catorze moldes de uma mão única com dois dedos para dentro de tanques de látex. Uma operação que acredito ser pioneira no Brasil. Eu e minha menina assistíamos a tudo. Ela, ligeiramente envergonhada com o entusiasmo desmedido da mãe. Eu, correndo com o gerente da fábrica ao redor da linha de produção, vendo as catorze formas da mão direita da minha menina sendo mergulhadas tanque após tanque. A cada 45 minutos, a esteira gigantesca de fazer luvas vai girar e cumprir um ciclo completo; vai entregar nas mãos de dois funcionários catorze luvas de dois dedos prontas. E durante 48 horas aqueles catorze moldes vão girar, dependurados na esteira, e dali vão sair mil luvas que, depois, serão esterilizadas e permitirão à minha menina atuar em qualquer área da medicina, inclusive dentro de um bloco cirúrgico caso o caminho dela seja o bisturi. A fábrica que recebeu meu e-mail/carta tem uma equipe que disse sim à minha menina; sim, você pode ser a médica que deseja mesmo tendo nascido com dois dedos; sim, isso está ao nosso alcance e bem mais perto do que alcançar a Lua.

A fábrica que disse sim à minha menina só existe porque um polonês, fugindo da Segunda Guerra, veio parar em São Roque. E há quase setenta anos resolveu enfrentar e vencer milhares de reveses da vida fabricando bexigas para festas e, mais tarde, luvas para procedimentos médicos. Descobri que eu jamais o conhecerei pessoalmente. Aos 97 anos, apenas os filhos têm acesso a ele, em conversas ou apenas monólogos.

Acho curioso pensar em como as linhas se cruzam; maratonas pessoais se encontram. Sinto que para sempre estarei conectada à história desse polonês, fugitivo do horror; para sempre estarei conectada ao legado dele e a todos os funcionários que, sorridentes no chão da fábrica, ouvi dizer: "O patrão estaria muito feliz se soubesse que estamos fazendo as luvas da sua menina". Ainda que eu não tenha abraçado cada um dos operários como desejei, todos eles já fazem parte da nossa linha do tempo.

Quatro dias depois de testemunhar encantada a fabricação das luvas da minha menina tão pertinho de nós, iniciei o caminho de volta ao topo da escada. Não ao lugar físico, mas ao lugar da emoção. De São Paulo para Minas, de Belo Horizonte para Itabirito, a cidade onde nasci. Caminhei para reencontrar a avó da menina da escada, a bisavó da bisneta diferente; algo que não fazia havia muitos anos.

Nossos encontros nas últimas duas décadas eram ocasionais, em raras festas de família a que pude e quis comparecer. Naquele domingo, sentada no sofá da casa dela, encontrei uma senhora de 97 anos, sorridente e feliz com a visita inesperada. Já não me enxergava direito, não sabia detalhes da minha vida nem do meu trabalho, lembrava apenas meu nome.

Em nossa conversa de duas horas, sujeita a algumas inconstâncias da memória, falou mais do que ouviu. Repetiu histórias que eu já conhecia e, num determinado momento, quis saber se tive outros filhos.

— Não, somente uma — respondi.

— Eu tive 26.

Um dia aquela senhora foi uma menina que se casou aos dezessete, com um noivo encomendado, como convinha à época, e pariu pela primeira vez aos dezoito anos. vinte e seis gestações para que onze filhos vingassem e dali surgissem dezenas de netos, bisnetos e tataranetos. Da minha menina só lembrava o nome e nada mais. Não sabia da mão direita, da perna direita, dos pés, não sabia das cirurgias. Não perguntei, mas entendi que a conversa da escada não existia na mente dela. Ao me despedir, fiz um pedido:

— Vó, reze pra Nossa Senhora, pra agradecer. Diga a ela que a minha menina está ótima e vai ser médica.

Ela sorriu.

Eu sorri de volta.

Saí mais suave do que entrei. Não havia o que perdoar. Nunca houve. Mas precisei completar o meu milagre pra conseguir caminhar de volta na direção dela.

Era a linha de chegada?

Não exatamente.

Era a conclusão de um ciclo. Havia sido uma corrida extenuante, mas já não via mais como uma maratona que se encerraria em algum ponto após 42 quilômetros. De alguma forma, a busca desesperada pelas luvas foi um novo parto. É recente demais pra eu saber exatamente o que pari, mas sei que essa experiência me transformou, me ajudou a expurgar a culpa que carreguei por tanto tempo. Eu havia dado dois dedos no primeiro parto e, no segundo, após quase um ano de gestação, nasceram as luvas.

Corri mais de duas décadas preocupada em ver minha menina andar. Foquei nos pés. Mas na reta final descobri que, para uma médica caminhar, precisa essencialmente das mãos, e eu tinha que encontrar as luvas sob medida pra ela a qualquer custo. A minha menina precisava seguir.

Percebi que, de algum modo, corri mais de duas décadas em busca de uma reparação, precisava reparar minha menina de uma falha que creditava a mim, compensá-la por não ter lhe dado todos os ossos perfeitos, todos os dedos da mão. Compensá-la por não poder trocar de lugar com ela, por não poder sentir a diferença na minha pele, por não poder receber o olhar alheio direto sobre mim, por não poder arrancar novos ossos e dedos de dentro de mim. E, repentinamente, com a chegada das luvas, a maratona da reparação eterna começava a perder o sentido. Aquelas luvas se tornaram meu autoperdão, e talvez também por isso eu tenha me empenhado obcecadamente nesse processo. Entendi os choros debaixo do chuveiro, entendi por que durante um ano deixei de me interessar por qualquer outro assunto que não fosse luvas. As luvas eram a reparação máxima ao meu alcance.

Naquele momento deixou de ser uma maratona, passou a ser uma corrida de revezamento. Quando a caixa com as quinhentas primeiras luvas chegou à nossa casa, abrimos juntas. Eu disse isso pra ela. As luvas se tornaram nosso bastão.

— Estou te passando o bastão.

Tenho convicção de que a minha menina nasceu com plenas capacidades de ser a médica que quiser, capacidades intelectuais e emocionais — sabedoria, curiosidade, calma, serenidade, compreensão, persistência. Qualidades que nasceram com ela. Minha menina sabe que pode brilhar e também falhar e se levantar e seguir e recomeçar quantas vezes quiser. E tem todos os instrumentos para a jornada dela, inclusive luvas.

Finalmente consegui dizer a mim mesma: minha menina é uma mulher, pronta pra correr na direção que desejar.

O DNA da escolha

Em quase cinquenta anos de vida, meu tempo de divã não soma mais que doze meses. Tentei algumas vezes, ora guiada por muitos incentivos, mas sem grande interesse, ora verdadeiramente interessada em tentar amainar a culpa que me assolava — mas sempre acabava esbarrando na conclusão precipitada de que minhas autorreflexões me bastavam.

Apesar de breves, foi numa das minhas incursões pela terapia que falei (na verdade chorei mais do que falei) sobre culpa. Sobre como pesava em mim o fato de que, na largada, desde o berço, a vida exigia muito da minha menina, teoricamente mais do que exigia da maioria dos classificados como "normais". E isso doía em mim. De alguma forma, eu me colocava numa posição de ter que recompensá-la por uma falta minha, uma falha que vinha do meu útero.

Transformar em palavras a dor que nos consome em silêncio é realmente terapêutico, como se o simples ato de falar em voz alta evidenciasse, ainda que por alguns instantes, que não havia uma culpa a reparar. Isso me deixava mais leve, mesmo que depois a culpa voltasse a me rondar, com a interminável busca de uma explicação.

No caso da hemimelia fibular, quando a minha menina nasceu havia apenas hipóteses para explicar o problema; quatro possibilidades. A primeira seria hereditária, mas não havia nenhum histórico semelhante nas famílias; uma segunda causa seria genética, mas os exames disponíveis à época também não encontraram nenhuma alteração nos genes da minha menina; e a terceira, algum remédio muito forte que eu pudesse ter tomado no início da gestação. Foi nessa possibilidade que estacionei, durante anos esmiuciei, quase triturei minha memória, em busca de alguma medicação de que eu pudesse ter feito uso e esquecido, tentava relembrar todos os lugares por onde andei fazendo reportagens pra saber se não tive contato com alguma substância tóxica que pudesse ter inalado. Mas os médicos me diziam que o caso da minha menina estava na quarta e mais comum explicação: o acaso — má-formação congênita de origem desconhecida. Mas, diante do inexplicado, a culpa se assenta. Foram muitos anos lidando com esse sentimento, ao meu modo, na minha autoterapia permanente.

Mas, numa das vezes que me permiti pedir ajuda, me deparei com a pergunta:

— Ela tem apenas o seu DNA? Ela é só sua filha?

Àquela altura a terapeuta já sabia da ausência do pai biológico e da importância do pai de coração, com quem eu dividia havia doze anos a tarefa de educar a minha menina.

— Sim, ela é só minha filha, a minha menina. Tem apenas o meu DNA — foi a minha resposta imediata, entre lágrimas e risos, diante da bizarrice científica que aquela frase evidenciava.

Com apenas uma pergunta a terapeuta me propunha: tá pesado, tem uma tonelada de culpa nas suas costas, por que não dividir ao meio, carregar somente quinhentos quilos? Por que só você pode ter genes errados, um útero equivocado, ter tomado a medicação indevida? Ela é só sua filha? Tem apenas o seu DNA?

Naquela conversa e nas reflexões que ela me provocou, enxerguei como foi uma jornada solitária, apenas de uma mãe e sua menina. Por muitos anos vivi sozinha toda a alegria de tê-la em minha vida, a glória de vê-la sorrir, caminhar, crescer, o êxtase de ter as mãos dela dentro das minhas, buscando o meu rosto, o meu afeto, o meu beijo, o meu colo quando precisava de apoio. Por muitos anos vivi sozinha a mágica de escutar suas palavras, acompanhar o vocabulário e o pensamento se expandirem, a formação de um ser que nasceu de mim, mas que trazia muito dela mesma, de uma essência que, com exclusividade e atenção plena, pude observar, admirar e amar. Mas vivi também sozinha o peso de decidir por ela, de assumir riscos, de chorar ou de engolir o choro pelas dores dela, de carregar uma culpa.

Nunca estive preocupada em procurar culpa no outro. Estava e sempre estive preocupada em viver a história que cabia a mim. Ela é e sempre foi a minha menina, a menina que eu abracei no bloco cirúrgico, a quem disse com a alma: "estou aqui". Estava e sempre estive preocupada em cumprir esse pacto de amor, em me dar a ela, em ser presença na vida dela.

Deixei o divã, mas a pergunta da terapeuta me acompanhou numa reflexão silenciosa por meses. Um eco solto entre meus pensamentos.

"Ela é só sua filha?"

Aquela pergunta me conduzia a outras. Se não é possível sequer saber a origem do problema, se não dá nem pra condenar o culpado certo, por que perder tanto tempo, gastar tanta energia com isso? De alguma forma aquela pergunta me desafiava. Se você lutou tanto para que os juízes da vida não condenassem a sua menina por preconceito e descrença, por que é uma juíza tão feroz consigo mesma?

Estava mergulhada nessas reflexões quando a angustiante procura pelas luvas médicas da minha menina me trouxe o terrível medo de falhar com ela. Silenciosamente me cobrei centenas de vezes.

Você tem que dar um jeito, encontre essas luvas em qualquer lugar do planeta, fabrique essas luvas se ninguém quiser fabricar, mas arrume essas luvas. Se não deu os dedos, pelo menos dê as luvas, pelo amor de Deus.

A culpa estava lá, mais brutal que nunca.

Foi quando pensei: e se eu trocar de palavra? E se eu parar de me julgar e condenar, parar de me cobrar tanto e, no lugar de "culpa", pensar em "responsabilidade"?

Sim, eu poderia fazer isso porque efetivamente era essa a palavra que me guiava. A culpa me castigou e me castigava, era uma dor que alimentei desnecessariamente por muito tempo. Mas foi a responsabilidade que me fez correr ao lado dela a linha longa e reta da nossa maratona pessoal. Posso até ter corrido por culpa, mas estava certa de que corri sobretudo por amor e por me sentir responsável por ajudá-la. Meu coração começava a se acalmar e a enxergar que era preciso fechar a maratona.

As luvas chegaram, e decidi que elas seriam um ponto de virada na minha história. Entendi que, se não parasse de correr ali, sempre acharia um novo desafio pra encarar em nome dela, sempre acharia algo pra tentar melhorar na vida dela, pra recompensá-la, pra reparar a minha falha eterna.

A mãe valente, de espada nas mãos, pronta para enfrentar qualquer luta, tinha que sair de cena, adormecer dentro de mim, esse ego tem que se acalmar pra que eu não apague ou limite a força dela de lutar por si própria, pra que não ofusque o brilho da minha menina, e ele é imenso. Eu tinha e tenho que deixar a minha menina correr a maratona dela, enfrentar as encruzilhadas dela. É chegado o momento de me recolher à arquibancada. É de outro tipo de presença que ela precisa agora.

Essas reflexões ainda vão levar tempo. Longas conversas com a minha menina sobre essa trajetória me confortam e acalmam. Sei que não me tornei mãe ao parir. Sei que me tornei mãe ao escolher ser presença na vida dela e que deixei que ela também me parisse como mãe. Essa é outra pergunta recorrente pra mim. Quem pariu quem? Qual das meninas é mãe de quem? Filhos nascem da gente, mas e o quanto nascemos deles?

Sei o quanto nasci da minha menina, da conexão com ela, da parceria, da responsabilidade que ela me trouxe aos 25 anos e, sobretudo, da experiência mais profunda de amor que pode existir. Nasci da motivação que vinha dela, nasci da plenitude de tê-la como filha, ainda que a jornada tenha trazido também algumas dores e angústias. A alegria foi e sempre será maior que tudo.

A mulher de quase cinquenta que sou hoje deve muito à minha menina: sábia, leve, serena, calma e mais forte do que ela própria imagina. A menina que muitas vezes puxou a corrida quando parecia que era eu.

Se hoje tivesse que responder à terapeuta novamente, seriam estas as minhas palavras:

— Sim, ela é minha filha, a minha menina, e eu a menina dela. Temos o DNA da escolha.

Os estudos mais recentes consideram que a hemimelia fibular não é hereditária. Provavelmente surge entre a quarta e a sétima semana de gestação, por mutações isoladas dos genes do membro em desenvolvimento. Má-formação vascular, infecções virais, trauma e influências ambientais têm sido sugeridos como possíveis causas, mas não há um pleno consenso a respeito.

A mim

Primeiro foi um grito de raiva contra quem duvidou da possibilidade do sucesso da jornada. Necessário, mas passageiro. Depois foi um grito de êxtase, de vitória. Esfuziante. Depois foi um manifesto da minha gratidão a quem nos deu a mão. Imensurável. Nesse momento enxerguei a hipótese de um livro.

E, mais adiante, vi que escrevia, antes de tudo, pra mim. Escrever havia se tornado um exercício particular. Quatro anos dedicados a reviver, repensar e transformar sentimentos em palavras. E também o contrário. Porque muitas das memórias que guardava ainda careciam de tradução, 23 anos depois.

Quando a minha menina passou no vestibular, fui parar no estúdio de uma tatuadora, risquei na linha da coluna a longa reta da minha vida nas últimas duas décadas, como se precisasse sentir aquela dor pra fechar um ciclo. Uma reta que se abre em curvas sobre o meu ombro direito, curvas ainda não vividas.

Bastaram algumas semanas pra entender que o meu momento catártico não se encerrava com a cicatrização da tattoo. Então, me entreguei à escrita. E entendi que precisava abrir as comportas. Chorei horrores. Reencontrei todas as meninas que havia dentro de mim.

Precisei enxergar a menina dos grãos de feijão, lembrar de onde ela saiu, reencontrar a menina-passarinho, a menina da TV, a menina da escada, e a minha menina em muitas fases da vida pra, finalmente, entender que esse era um exercício para rever o caminho, me desvencilhar de culpas e me oferecer um abraço. Precisei escrever todas estas palavras pra conseguir me acolher e dizer: basta. A corrida terminou. E não se trata de oferecer compaixão a mim mesma, mas respeito.

Respeito por mim, por nós, pela nossa jornada.

Em 1997 foi difícil não ter um Google para digitar "hemimelia fibular". Não fiz vaquinha na internet, não vasculhei o mundo em busca de tratamentos e médicos que pudessem nos ajudar nem encontrei mães pra compartilhar dúvidas, informações, dores e alegrias. Foi difícil. Mas como foi extraordinário viver essa jornada apenas entre nós, eu e a minha menina, com foco pleno no caminho. Sem ruídos, sem distrações.

Na minha linha do tempo não precisei fugir da tentação da superexposição, da possibilidade do lamento e da ostentação, da sedução das redes sociais. Vivemos a nossa história, vivemos a história de uma conexão real.

Se hoje compartilho minhas palavras é porque alguém acreditou que valia a pena transformá-las em um livro. E porque eu acredito que esta história pode me trazer novas conexões reais.

Estas são apenas as palavras de uma mãe jornalista, a mãe da Giovanna. Não tenho a pretensão de me apresentar "escritora", mas recorro ao meu preferido entre os preferidos pra dizer o que desejo agora. Como um dia escreveu

Saramago: "Se não sais de ti, não chegas a saber quem és. (...) Que é necessário sair da ilha para ver a ilha, que não nos vemos se não nos saímos de nós".[3]

A mim digo apenas: siga leve e saia da ilha. Sua história é apenas uma entre bilhões de histórias de mães e filhos, bilhões de histórias de amor e gratidão.

É hora de sair da ilha.

[3] Em *O Conto da Ilha Desconhecida* (1997).

Ao futuro

Apenas me dê a honra de estar diante dela, de bengala e cabelos brancos, na mesa de um bistrô.

Aos personagens da minha vida
(Pela ordem em que aparecem no livro)

A Minha Menina
Giovanna Araújo, 23 anos, estudante de medicina.
Voa, Doutorinha, voa!

A Avó da Menina da Escada
Judite Santana Marques, 98 anos.
Rever meu caminho me ajudou a rever também o seu. E entender o quão difícil era nascer mulher em 1922, num cafundozinho de Minas.
Tá tudo certo, vó!

O Menino da Montanha ou Zóiverde
Carlos João de Araújo, 74 anos.
Meu orgulho de ser sua filha é maior que o Everest.

Índia ou A Menina do Olho na Fechadura
Efigênia Marques Araújo, 69 anos.
Pelo seu olhar me enxerguei grande. E isso fez toda a diferença.

A primeira professora
Else Martins Perdigão, 70 anos.
Seu "parabéns" diário me deu confiança de que eu podia escrever. Sigo tentando...

A tia-mãe-patroa
Maria Helena de Moura Antunes, 84 anos.
Obrigada pela suavidade, em qualquer circunstância.

A filha número 1
Luciene Regina Araújo, relações públicas.
Você me ensinou algo de imenso valor: reconhecer as fragilidades é só para os fortes, muito fortes.

A filha número 3 ou Zóiverdinha
Giane Cássia Araújo, psicóloga.
Inesquecível a sua alegria ao chegar em casa cantando para a minha menina. "Titia Giane... titia Giane... veio aqui só pra te ver!"

Dra. Ana Lúcia da Cunha Peixoto
Obstetra que realizou meu parto, em 1997.
Obrigada pela ternura no momento mais importante da minha vida.

O professor de piano
Flávio Iannuzzi, musicista.
Você me fez feliz com as melhores versões dos Beatles ao piano, a sete dedos. Ao te agradecer, agradeço também a todos os professores que conduziram a minha menina até aqui.

A tia-avó da minha menina
Diná da Conceição Antunes de Lima, 64 anos.
Nova York e o seu arroz com feijão... Isso é glamour!

Dr. Marceneiro ou dr. Gepeto
Amâncio Ramalho Junior, 68 anos.
Ortopedista do Hospital Albert Einstein em São Paulo, desde 1992.
Especialista em análise da locomoção humana e em cirurgia e tratamento de deformidades ortopédicas.
Uma vez por ano, invento uma dor nas costas para poder revê-lo. Numa dessas consultas, ele mandou um presente pra Maricota que havia acabado de passar em medicina. Tirou um enfeite da parede do consultório e me entregou: o Pinóquio. E ele nem suspeitava dos apelidos secretos que tinha...
Te enxergo e sempre enxergarei em cada passo da minha menina.

Dr. Walmor Chagas ou dr. Farol
César Luiz Ferreira de Andrade Lima, 73 anos.
Coordenador do Serviço de Ortopedia Infantil do Hospital Ortopédico de Belo Horizonte. Professor aposentado do Departamento do Aparelho Locomotor da Faculdade de Medicina da UFMG.
E torcedor do América.
Pessoa rara...
Todas as vezes que me lembrar do seu olhar e de como nos conduziu vou me desmanchar em lágrimas. Não há muito obrigada nesse mundo que baste.

Abu ou Menino Velho
Chico Zaidan Mendez, meu marido e pai da minha menina.
Simplesmente te amo!
Quarenta logo ali, em 2021! Viva!

A amiga mais amorosa e desajuizada
Evane Bertoldi, jornalista.
A melhor cúmplice de um sim feliz!

A autora da pergunta inesperada
Cristina Anton, ginecologista.
Você me salvou em várias sentidos!

O amigo-irmão do embaixador na Malásia em 2019
Jaime Spitzcovsky, jornalista.
No lugar exato, na hora certa. Difícil acreditar em acasos...

Embaixador do Brasil na Malásia
Carlos Martins Ceglia.
Ainda vou atravessar oceanos pra te agradecer o empenho na busca pelas luvas.

O fundador da fábrica Látex São Roque
Pedro Tugendhat, 97 anos.
Começou a fabricar balões de festas em um barracão, em 1953.
Hoje a indústria é dirigida pelo filho, Antonio Tugendhat, e emprega oitocentos funcionários na fabricação de bexigas, preservativos e diversos tipos de luvas, incluindo as da minha menina.

Todos vocês da Látex São Roque surgiram nos quilômetros finais da minha maratona de mãe. E na largada da minha Doutorinha. Essa história vai longe...

E também:

Gabriel Chalita, meu primeiro leitor. Sem as suas palavras, ajuda e seu acolhimento esse livro não existiria.
Mario Rosa, que me enxergou escritora quando eu tinha apenas duas páginas.
Márcia Cunha, obrigada pela leitura amorosa e por me fazer acreditar no meu axé.
Ângela Canguçu, pela torcida plena, do livro às luvas. Minha vizinha de computador.
Rodrigo Alvarez, que me trouxe à Globo Livros e tornou possível esse encontro com os melhores editores que poderia ter.
Mauro Palermo, Guilherme Samora e Fernanda Belo Queiroz, obrigada por abraçarem a minha história, com tanta sensibilidade e afeto. Este livro foi editado durante a pandemia, nem sequer pude me encontrar com vocês. Mas preciso dizer: Guilherme, parece que te conheço há anos. Você é rock 'n' roll com mel!

Regina Zaidan e toda família Pereira Mendes, obrigada por acolherem duas Araújos com amor.

E aos amigos e amigas de alma, que me acompanharam em alguma fase da vida e fizeram a beleza do nosso caminho.
Seria impossível citar todos, mas o sorriso de incentivo de cada um de vocês mora dentro de mim.
Quem tem amigos assim, espalha amor por onde for.

Este livro, composto na fonte Fairfield,
foi impresso em papel pólen soft 70 g/m² na gráfica Edigráfica.
Rio de Janeiro, Brasil, novembro de 2020.